Introduction to Organization Theory
in Higher Education

大学教職員
のための
大学組織論入門

中島英博 著 Hidehiro Nakajima

ナカニシヤ出版

はじめに

　本書は，大学の組織についてよりよく理解したい人を対象とした，大学組織論の入門書です。本書は，主に高等教育マネジメント分野で大学院生を対象に開講される授業のテキストとして活用できるように設計されていますが，大学組織に関心をもつ教職員にも広く活用してもらえる内容となっています。研究分野としての組織論は，1950 年代以降に発展してきた比較的新しい研究分野です。しかし，現代社会では多くの人が組織に所属して生活しており，組織の存在意義や組織が抱える問題への関心は高まる一方です。本書は，これまでに蓄積されてきた組織論の知見を体系的・網羅的に整理し，大学関係者へわかりやすく提供することを目的としています。

　本書は，国外の高等教育マネジメント分野で教えられている大学組織論の内容を参考に構成されています。国外では上級管理職を目指す大学職員の多くが，専門的業務に必要となる体系的な知識と思考法を身につけるため，大学院での学習・研究に取り組んでいます。そして，多くのプログラムで大学組織論が必須の学習内容の一つとして位置づけられています。また，大学組織論のような理論を学ぶ科目では，ケーススタディが取り入れられ，具体と抽象を往復しながら，複雑な現象を多面的に理解できるよう工夫されています。

　本書でもそうした知見を活かし，国際標準の学習ができるよう設計するとともに，各章末にケーススタディを取り入れ，理論と現場の課題を往復しながら学べるよう工夫をしています。そのため，一人で読み進めるだけでなく，職場の勉強会などでさまざまなケースを読みながら，理論のもつ意味を議論するといった使い方ができるようになっています。また，本書を授業や勉強会で使う場合は，自ら職場で経験したことをケースとして書き起こし，それを複数の理論を用いて説明する課題に取り組むこともできます。これは大学院での授業の課題としても取り入れられており，事例研究への発展も期待できる取り組みであるため，多くの方におすすめしたい学習方法です。

　本書の制作にあたり特に参考にした文献は，ベスとディー（Bess and Dee 2008）とハッチ（Hatch 2013）です。

　前者は，近年，多くの米国の大学院で教科書として使用されており，組織論のテキストとして長らく使われてきたバーンバウム（Birnbaum 1988）をようやく乗り越

えた文献として知られています。ケーススタディを使って理論と現場の課題を学ぶ本書の構成は，この文献にもとづくものです。また，著者の一人である J. R. ディー氏には，授業でのケーススタディの進め方を実際に見せてもらったほか，文献の紹介，資料やケーススタディのアイディアを提供いただきました。

　また，後者は，高等教育分野だけでなくビジネススクールの組織論の授業などでも広く使われているテキストです。組織論のテキストには，マネジャーに対して明日から仕事で使える枠組みやツールを提供する機能主義に立つものが多くあります。しかし，ハッチ（Hatch 2013）は組織が人間で構成される集団であることを重視し，解釈主義に立つ組織論を示したユニークな文献です。大学のような非営利組織では，解釈主義に立つ組織の理解が不可欠です。ベスとディー（Bess and Dee 2008）もハッチ（Hatch 2013）の旧版に依拠して制作されており，本書でも組織をより深く理解するために，解釈主義の組織論を多く取り入れています。

　読者のなかには，組織が抱えるさまざまな問題に対する答えを，本書に期待する方がいるかもしれません。しかし，本書は組織に関する諸課題を理解するうえで有用な，抽象的な枠組みの提供に重点を置きました。というのも，複数の組織に共通してみられる問題であっても，それぞれの組織の構造，メンバー間の人間関係，部署がもつ資源や専門性，組織の文化などにより，最適な解決策は異なります。複数の抽象的な枠組みを用いて組織を多面的に理解することによって，問題解決の選択肢を複数もてるようになるのです。本書では組織を複数の視点から理解できるようになることを重視しました。

　本書の刊行にあたり，多くの方々にご協力をいただきました。特に，中井俊樹氏（愛媛大学），J. R. ディー氏（マサチューセッツ大学ボストン校），丸山和昭氏（名古屋大学），阿曽沼明裕氏（名古屋大学）には本書の草稿段階において貴重なアドバイスをいただきました。また，梅村圭一氏（名古屋学院大学），篠原量紗氏（名古屋大学）には事例のアイディアを提供いただきました。そして，ナカニシヤ出版編集部の米谷龍幸氏には本書の企画のきっかけをいただくとともに，編集部のみなさまには編集作業などさまざまな点でお力添えいただきました。この場をお借りして，ご協力いただいたみなさまに御礼申し上げます。

2019 年 7 月

中島英博

目　　次

01 大学組織論入門

第1節 組織を理解するための前提

■ 1-1 大学が直面する課題

　今日の大学を取り巻く世界共通の課題は，大きく三つあるといわれます。一つめは，公的部門からの予算削減で，大学は必要な資金を自ら得ることが求められています。二つめは社会経済発展への貢献で，技術移転や地域サービスなどよりも目に見える社会貢献が極めて強く求められています。三つめはグローバル競争で，優秀な学生と教員を獲得し，優れた人材・研究成果・社会サービスの提供が求められています。

　こうした課題に対し，民間的経営手法を取り入れることで対応してきた点も，多くの国で共通しています。その結果，競争的な資金配分や評価制度の導入と並び，執行部層の権限を強化する組織改革に多くの大学が取り組みました。日本の大学もこうした世界的潮流のなかにあるといえるでしょう。

　しかし，こうした組織構造や権限配分の改革は大学運営の質を高めることはなく，結果として優れた教育・研究・社会サービスにはつながらないと指摘する研究も多数あります（Birnbaum 2004 など）。組織論は，組織をどのように設計するか，組織内で仕事をどのように配分するか，組織のなかでメンバーはどのような行動をとるのかを説明する枠組みや理論を提供します。大学関係者の多くが組織論へ高い関心をもつ理由は，そうした今日的な課題への対応を模索しているためでしょう。

■ 1-2 組織論の範囲

　組織論は，大きく分けると（1）組織のなかの個人，（2）組織のなかの（小）集団，（3）組織そのもの，（4）組織と環境という四つのレベルについて分析します（藤田2009）。（1）をミクロな組織論とすると，（4）に向かうにしたがってマクロな組織論

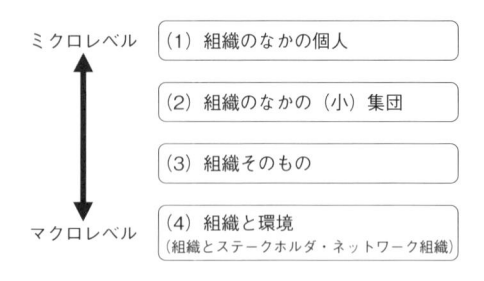

図 1-1　組織の分析レベル（藤田（2009：2）を参考に作成）

になります。

　(1) や (2) では，動機づけや人間関係などを扱います。(3) や (4) では組織構造や環境変化への対応などを扱います。さらに，コンフリクトや組織学習など，(1) から (4) にまたがる理論もあります。これらの理論は，主に心理学と社会学の知見を応用して構築されてきました。ミクロな組織論ほど心理学の影響を強く受け，マクロな組織論ほど社会学の影響を強く受けています。このように，組織論は学際的な分野として研究されてきたという特徴があります。

■ 1-3　限定合理性

　人間の認知能力には限界があり，すべての情報を集め，すべての情報を検討する能力や時間はありません。これを限定合理性と呼びます。限定合理性のもとでは，人間は複雑な問題を要素分解して，主要な局面のみをとらえる傾向があります。これは，組織を理解する際の重要な前提になります。

　たとえば，トップに権限を集中させるほうが効率的・効果的な意思決定ができるという考えがあります。これにはトップが意思決定に必要な情報をすべて集めて検討できるという前提が必要です。しかし，現実には時間や能力には限りがあり，優れた意思決定ができるとはかぎりません。意思決定に必要な情報が複雑になるほど，あるいは専門的になるほど，トップへの意思決定権の集中は非効率・非効果的になる恐れがあります。

　また，組織内の各部署でも限定合理性の問題が生じます。同じ問題に対応するとしても，各部署はそれぞれ異なる局面をとらえて問題を単純化します。たとえば，科目ナンバリングを行う必要が生じた場合，学部の教務委員会は教養科目には LAS，専門科目には MATH や CHEM などの接頭記号をつけて体系化することにこだわ

るかもしれません。しかし，情報担当部署は，現在のシラバスシステムには最大6桁の数字しか使えないために，そうした記号を使うことに難色を示すかもしれません。また，評価担当部署は，どのような記号でもよいから自己点検評価報告書の締め切りに間に合うように策定してもらうことを気にするかもしれません。

　すなわち，限定合理性があるために，組織内には常に部分最適（部署内での最適化）を目指す傾向があり，部署間で葛藤が生じます。組織論の知見は，こうした葛藤をどのように調整したらよいかを考える指針を与えてくれます。

■ 1-4　統合と分断

　現代の大学は，大学評価，予算獲得，学習支援，留学生支援，就職支援など大学全体で取り組む課題が増えています。部分最適を目指す傾向のある各部署に対して，全学的な目標の実現に取り組むよう働きかけるには，組織全体が最適となる調整が必要です。こうした組織対応を統合と呼びます。たとえば，複数の学部をもつ大学において，全学の学位授与方針で英語力や汎用的能力に関する目標が示されている場合，それぞれの学位プログラムのカリキュラムポリシーに，その育成に関する科目を配置する必要があります。

　一方，最先端の研究に取り組んだり，学生のニーズに合った教育を行なったりするなど，新しい課題に迅速に取り組むためには各部署が独自の判断で活動できる調整も必要です。こうした組織対応を分断と呼びます。たとえば，ある学部に国外提携大学から有利な条件で海外インターンシップに参加する学生を募集したいという要望がきた場面を考えます。学生にとってよい機会であるため，全学的な推進体制を整備して多くの学生の参加を呼びかけようと考えても，準備に時間をかけるうちに提携の機会を失うかもしれません。この場合，特定学部の一部の学生が対象であっても迅速にプログラムの提供に取り組み，その成果をみながら全学的な提供の準備を進めてもよいでしょう。

　統合と分断は，抽象的な概念です。学生窓口の共通化や学部のIR（インスティテューショナル・リサーチ）室の設置のように，組織図などで表される物理的な統合や分断だけではありません。たとえば，異動により複数の部署を経験してきた職員を多くもつ事務組織は，見た目は部署で分断されていても実際は統合された組織です。あるいは，学内の学部を再編して新しい文理融合型の学部を設置しても，旧所属の枠を超えた交流が教員にも学生にもない場合，実際は分断された組織です。

　大学組織は専門性で分断されていることや，限定合理性による部分最適傾向をふ

まえると，マネジャーの主要な課題は，分断の長所を活かしながらいかに統合を進めるかということです。組織論はそうした課題を考えるための視点を提供してくれます。

■ 1-5　大学組織の重層性

大学は，大きく分けると教育・研究組織と事務局・運営支援組織の異なる二つの内部組織で構成されています。この二つは単に組織内の下部組織と呼ぶには適さないほど，前提とする規範や価値観が異なっています。たとえば，事務局・運営支援組織は学長をトップとする官僚組織とみなす傾向がある一方，教育・研究組織は学長を同僚の代表や利害をめぐる交渉相手とみる場合があります。

また，それぞれの内部組織のなかでも前提とする規範や価値観が異なる場合もあります。たとえば，人文・社会科学系の組織，理学・工学系の組織，生物・医学系の組織では，それぞれ組織の考え方が異なるかもしれません。あるいは，事務職員の組織，技術職員の組織，図書系職員の組織でも組織に関する考え方がそれぞれ異なるかもしれません。

このような大学組織の重層性は，組織の統合をいっそう複雑にしたり困難にしたりします。そこで現代の大学組織には，生来的に組織統合を困難とする要因があることを確認しておきましょう。

■ 1-6　マネジャーとメンバー

組織は目的を同じくする複数の人間が集まったものですが，本書では組織に所属する人びとをまとめてメンバーと呼びます。一般に，すべての教員や職員はメンバーに含まれます。学生をメンバーに含めるかは，議論の前提となる組織目標によります。研究活動の活性化を目標に掲げた場合，大学院生は重要なメンバーです。しかし，労働市場で採用されやすい卒業生の育成を目標にした場合，学部学生はメンバーとはいえません。

学部長，事務部長，課長など，組織のなかで管理的な役割をもつ教職員をまとめてマネジャーと呼びます。マネジャーは，組織目標を達成するためにメンバーに働きかけることを主な仕事とする人たちです。マネジャーのなかでも，学長や理事長など，組織目標に最終的な責任を負う人をトップマネジャー，あるいは単にトップと呼びます。また，トップの役割の一部を分担する理事，副学長，事務局長などのシニアマネジャーの集団をまとめて，執行部と呼びます。

第2節　組織と組織の有効性

■ 2-1　組織の特徴

社会には営利・非営利を問わず，多くの組織があります。大学も社会のなかで一定の役割を果たす組織の一つです。こうしたさまざまな組織に共通する特徴として，次の四つがあります（ダフト 2002）。

- ・社会的な存在である
- ・目標によって駆動される
- ・意図的に構成され，調整される活動システムである
- ・外部の環境と結びついている

こうした特徴からわかるように，どのような組織も外部の環境と相互作用し，変化に対応しながら，目標の達成を目指します。そのために，組織内では異なる部門で仕事を分業したり，異なる部門から横断的にメンバーを集めて仕事に取り組んだりしています。組織を理解するための前提として，これらの特徴を確認しておきましょう。

■ 2-2　大学組織の目的

組織的な対応，組織の再編，教員組織のあり方のように，今日の大学では組織という言葉がよく使われます。組織が注目される理由の一つに，大学の目的や目標に対する疑念や不満があります。すなわち，大学は社会における使命や目的を十分に果たしていないのではないか，大学内で目的や目標がばらばらで効果的に達成できていないのではないかという批判です。

一方で，今日の大学はとても複雑な組織です。教育，研究，社会サービスなど複数の目的をもち，学術の発展や高度な専門性を備えた人材育成など目標の達成基準はあいまいです。また，それらの目的や目標のために，多様な専門性と身分をもつ教職員が所属しています。そのため，目標に応じて組織内で分業したり，異なる部門から横断的にメンバーを集めて仕事に取り組んだりすることは簡単ではありません。

そのような複雑な組織である大学において，うまくいっている組織である，いい組織であるということはどう判断すればよいでしょうか。あるいは，うまくいって

いない組織である，組織に問題があるということは，どのような状態を指すのでしょうか。

この問いを考える視点を提供してくれる概念として，「組織の有効性」があります。組織が望む将来の状態を実現できる程度が高いほど，その有効性が高いと考えます（ダフト 2002）。

■ 2-3　組織の有効性

組織が望む将来の状態といっても抽象的な概念であるため，組織の有効性を以下の四つの視点で考えてみます（ダフト 2002）。

第一に，組織が目標を達成できる程度が高いほど，有効な組織と考えます（ゴールアプローチ）。目標達成は，組織が望む将来像の重要な一部です。組織の特徴を前提にすると最も理解しやすい視点ですが，目標があいまいな場合が多い大学組織では有効性の測定が難しいという問題があります。

第二に，メンバー間の意思疎通が良好であったり，資源が効率的に活用されていたりするなど，内部プロセスがスムーズであるほど有効な組織と考えます（内部プロセスアプローチ）。組織内の健全性も，組織が望む将来像の重要な一部です。これらは，大学組織でも活用可能な視点であるものの，数値での測定が困難であったり目標達成や外部環境適応との関係があいまいになりやすかったりするなど，主観的な有効性に陥りやすい問題があります。

第三に，予算や学生といった必要な資源が十分獲得できているなど，インプットの獲得・管理・活用の能力が高いほど，有効な組織と考えます（資源依存アプローチ）。安定した資源獲得は組織の存続に重要であり，組織が望む将来像の重要な一部です。学校や非営利組織のような目標に関する成果指標設定が難しい組織で特に有用な視点ですが，これが組織の有効性といえるためには，獲得した資源が目標達成のために適切な内部プロセスのもとで活用されているという前提が必要です。

第四に，監督官庁，進路先，保護者，地域社会などの外部関係者，および，オーナーやメンバーなどの内部関係者の満足が高いほど，有効な組織と考えます（ステークホルダーアプローチ）。ステークホルダーの満足も組織の存続においては重要であり，組織が望む将来像の重要な一部です。また，この視点は，上の三つと異なり，環境の要素を含めることができ，組織の環境適応性を表す点で優れた視点です。

図1-2 は，以上の四つの組織の有効性をみる視点をまとめたものです。組織論を学ぶ理由の一つは，組織の有効性を高めるには，どのような組織のデザインが有効

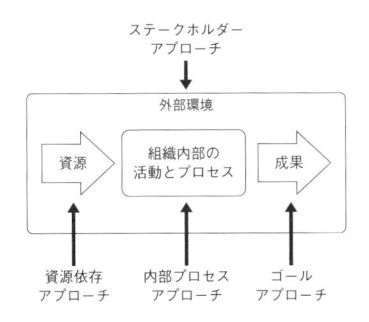

図 1-2　組織の有効性を見るアプローチ（ダフト（2002：43）を参考に作成）

か，組織内の人間関係にどのように働きかけたらよいかなどの見方を得ることです。さまざまな理論や考え方に触れる際には，それらがどのように組織の有効性を高めるのかに注目しましょう。

■ 2-4　有効性判断の難しさ

先述のとおり大学組織では，組織の有効性を判断することが難しい場面があります。たとえば，教育目標には，問題解決力を備えた人材の育成やイノベーションにつながる研究といった，あいまいで多様な解釈が可能な目標が設定されます。そのため，目標の到達の判定が難しく，この視点において組織の有効性を判断することが難しくなります。

大学組織の内部は高い専門性をもった教員が自律的に教育・研究活動をしています。教員組織は教育や研究において大きな裁量をもっており，相互依存度が低い組織です。また，事務局組織も学務，総務，財務，情報，国際，図書などの専門性で分断されており，分野間の連携がゆるくなりがちです。そのため，メンバー間の意思疎通に障害のあることが多く，有効性の判断が難しい組織です。

大学組織の有効性の判断が難しくなると，多くの人にとってわかりやすい指標にもとづいて有効性が判断されたり，非有効性の特徴がないことをもって有効性があると判断される場合があります（佐古ほか 2011）。たとえば，アクティブラーニングを取り入れた授業が全体の 8 割以上ある，教員の 8 割以上が FD（ファカルティディベロップメント）セミナーへ参加しているなどの指標で有効性が判断されることが起こります。これらは，組織の有効性を判断するうえでは適切でないと考えられますが，大学組織はそうした間違いに陥りやすい組織です。

第3節　組織を理解するための理論パラダイム

■ 3-1　組織論の学び方

　本書では，大学組織をよりよく理解するための理論を紹介します。理論という
と難しく聞こえますが，私たちが日常的に使っているものです。たとえば，メール
の返信が早い人ほど仕事の質が高いという仮説を立てたとします。これは，ある
人がそれまでに観察してきた事例や，独自に定義する仕事の質にもとづいてつく
った考え方です。この考えで職場のすべての人を説明できるのであれば，それは
優れた理論です。しかし，この考え方に合致しない事例もあるでしょう。この場合，
その理論は用語の定義があいまいであったり，前提や推論に誤りがある可能性が
あります。

　このように，理論はいくつかの考え方の塊であり，できるだけ少ない考え方で，
できるだけ多くの現象を説明しようとするものです。たとえば，見通しが不明確な
環境では，成功事例を模倣することで，多くの組織が同じような組織構造になると
いう理論があります。もし，この考え方が現実の大学組織のほとんどを説明できる
のであれば，これは優れた理論になります。しかし，この考え方で説明できない事
例もあるでしょう。説明できない事例があると，より普遍的に説明できるよう理論
が修正されます。このように，できるだけ少ない考え方でできるだけ多くの現象を
説明しようとする努力が理論を発展させます。

　組織論で扱う理論のほとんどは，現実の経験から抽象化されたものです。そのた
め，理論を理解するには，仕事上の経験と照らしてみることが重要です。仕事上の
経験と合わないようであれば，それは自分にとって優れた理論ではありません。そ
こには，理論を修正する余地があるかもしれません。

■ 3-2　理論の前提となるパラダイム

　組織論で扱う理論は，できるだけ少ない考え方の塊で構成するために，共通の前
提や仮定を置いています。前提や仮定から説明を始めると，理論がシンプルになら
ないためです。この理論の前提や仮定をパラダイムと呼びます。組織論の分野では，
実証主義パラダイム，社会構築主義パラダイム，批判主義パラダイムの大きく三つ
のパラダイムがあります。

　パラダイムを知っておくと，その理論が何を説明することを目的につくられて
いるのか，その理論の強みと弱みは何か，自分が感心のある問題はどの理論で説明

するのが適切かについて，よりよく理解できるようになります。このテキストでは，主に実証主義パラダイムと社会構築主義パラダイムの理論を紹介します。

また，仕事の実践者としては，理論を学ぶ以上に，自分の経験を理論化することが重要です。そのためには，既存の理論を知っていることが不可欠ですが，パラダイムを知っておくと，自分の経験の理論化をよりスムーズにできるようになります。

■ 3-3 実証主義パラダイム

実証主義パラダイムは，客観的な存在論と実証的な認識論を前提とする立場です。たとえば，効率的で効果的な目標達成のためには，機械的な組織構造が望ましいとする考えは，実証主義の理論です。組織を組織図で表すことができる客観的なものと考え，どの程度の階層をつくるか，どのような部署をつくって分業するのかなどについて，仕事の成果を測定しながら最適な構造を探します。

実証主義パラダイムの理論は，現実の説明，将来（最適状態）の予測，現実から将来へ向かうための統制と介入を明らかにすることに関心があります。そのため，マネジャーにとって，実践的なインプリケーションが豊富で魅力的な理論です。また，統制や介入の成果を測定しやすいことから，政策担当者などのステークホルダーからも支持されやすい傾向があります。

表 1-1　理論パラダイムの特徴（Hatch（2013：10-15）を参考に作成）

	実証主義	社会構築主義
存在論（ontology） （物事が世界においてどのように存在しているか）	この世界には確固たる現実があり，それは客観的で科学によって発見されるものである。	現実は存在するがそれは人びとが相互作用を通じて解釈・再解釈をしながらつくり出されるものである。
認識論（epistemology） （その知識に到達する思考の過程）	現実という確固たるものがあり，それと離れたところに研究者がいる。できるかぎり相手に干渉しない方法で，価値中立的に情報を引き出さなければならない。	社会的現実は，文脈に埋め込まれたものであり，多様な意味がある。それは，当事者がつくり出すものであり，研究者も相手と共につくり出していくものである。
方法論（methodology） （新しい知識を得るための具体的な手立て）	仮説から演繹する方法を重視する。反証可能性と追試可能性を重視するため，エビデンスが重要である。	帰納的な方法を重視する。インタビューや観察を用い，その解釈が妥当かを確認しながら進める。
実践論（praxis） （知識はどのように活用されるか）	合理的な問題解決方法として活用する。	探索的な問いかけをするために活用する。

ただし，組織を人間の集まりというよりも，部品で構成された機械のようにとらえ，不具合があれば修正したり取り替えたりするものと考えがちです。そのため，実践的なインプリケーションが豊富であるにもかかわらず，現場の教職員の反発や混乱を招くことが多く，理論に沿った実践が成果や組織の有効性につながらない場合も多くあります。

■ 3-4　社会構築主義パラダイム

　社会構築主義パラダイムは，主観的な存在論と解釈的な認識論を前提とする立場です。たとえば，学長や理事との接触が多い仕事をする人は，トップと同じ志向性をもって仕事をする傾向があるという考えは，社会構築主義パラダイムの理論です。このとき，組織図上で表された組織に実質的な意味はなく，メンバー間の日常的な交流によって組織構造が形成されます。これは，メンバーが解釈した組織構造であり，直接観察できませんが，メンバーの仕事経験や他者とのやりとりを注意深く聞き取ることで浮かび上がってきます。

　このように，社会構築主義パラダイムの理論は，メンバーが理解した現実，メンバーが経験したことの抽象化，それらを説明する鍵となる象徴的な対象を用いて，組織を説明することに関心があります。マネジャーに対して直接的な行動を示唆する知見は少ないものの，組織をより深く理解できるようになります。そのため，ほかの組織からの借り物ではなく，自組織に最適な独自の実践を生み出すことができるようになります。表1-1は，実証主義パラダイムと社会構築主義パラダイムの特徴をまとめたものです。

02 組織を構造的に理解する

第1節　組織構造の考え方

■ 1-1　なぜ構造が必要なのか

「あなたの所属大学はどのような組織ですか」という質問をされたとき，頭のなかに組織図を思い浮かべて説明する人は多いのではないでしょうか。そして，その組織図には，理事会などが頂点にあり，その下に事務局や学部が置かれた階層的な構造になっているでしょう。大学に限らず，現代のほとんどの組織には階層的な構造があります。大学組織を構造から理解することは，仕事の分担や指揮命令系統だけでなく，メンバーがほかのメンバーと交流するなかで構築した組織の見方を理解するうえで重要です。

　組織が特定の構造をもつ理由は，組織の目標を達成するうえで合理的であると考えるためです。たとえば，学生を教育する組織として学部をとらえるとき，一つの学部のなかで人文科学・社会科学・自然科学を教える構造と，文学部・社会学部・工学部の3学部に分けて教える構造ではどちらが望ましいでしょうか。リベラルアーツ教育や創造的な発想を重視する目標を掲げる場合は前者が，専門的な教育成果を重視する目標を掲げる場合は後者が望ましいと考える人が多いかもしれません。このように，組織の構造は目標との関係に応じて設計されるという側面があります。

■ 1-2　組織構造をみる視点

　目標に応じて組織に構造をつくることは，次の四つのことを決めることを意味します（Daft 2009）。

- ・組織内の個人や部門に仕事・役割・責任を振り分ける。
- ・誰が上司なのか（Reporting Relationships）を明確にする。これは，階層の深

　「あなたの部門には現在どのような問題がありますか」という質問をされたとき，組織を構造面からとらえると，多くの問題は上の四つに関連したものになります。たとえば，部門に与えられた役割があいまいである，一人の管理職がもつ部下の数が多すぎる，ほかの部門が自分たちの仕事に協力的でないなどの問題です。そのため，目標に応じて組織に構造をつくる際には上の四つに注目し，これらをできるだけ明確にするようにします。

■ 1-3　組織の構造と統合

　組織に構造をつくると，必ず統合の必要性が生じます。組織の構造を細かくするほど，より専門的な仕事ができるようになりますが，そこで働く人たちがよりいっそう分断され，組織全体の目標との整合性がとりにくくなります。組織に構造をつくることは，分業と統合のバランス問題を常に抱えることを意味します。

　たとえば，経営学部のみを設置する大学で新たに薬学部を設置する場面を考えてみましょう。薬学部の設置によって，今までできなかった人材育成に貢献することができるようになります。しかし，経営学部と同じ大学に設置することでどのような人材育成ができるのかあいまいであるなら，同じ大学に設置する長所がみられません。分断よりも統合の問題が深刻な場合は，別の方法を考える必要があります。

　一般に，組織に新しい構造をつくると，組織内に次のようなプロセスを生みます。

　組織の構造を理解するには，どのような方法で統合することが望ましいかを考える必要があります。

■ 1-4　組織の環境と構造

　組織構造を考える際は，機械的組織（Mechanical Organization）と有機的組織（Organic Organization）という二つのモデルを知っておくとよいでしょう。どの組織もこの二つの組織構造の中間にあると考えられるためです。機械的組織の主な特徴は，(1) 意思決定を組織の上層部で集中的に行う，(2) 組織内の階層が明確に定められている，(3) 部門の役割や仕事が明確に定義されているという点です。一方，有機的組織の主な特徴は，(1) 意思決定は扱う問題をよく知る部門で行う，(2) 組織内の階層が垂直的・水平的に統合されている，(3) 部門の役割や仕事は状況に応じて定義されるという点です。

　二つの組織は，組織統合の方法が異なります。機械的組織は垂直的な指揮・命令によって組織を統合します。一方，有機的組織は水平的な相互調整によって組織を統合します。どちらの組織構造が望ましいかは，その組織が取り組む課題によって異なります。今までどおりのやり方では目標の達成が難しく，従来のやり方を統廃合したり，新しいやり方を生み出したりする必要がある場合，すなわちイノベーションが必要な場合，一般に有機的組織が選ばれます。また，組織の置かれた環境が不安定であるほど，今までどおりのやり方では目標の達成が難しくなるため，不安定な環境では有機的組織が選ばれます。逆に，安定的な環境である場合，最適なやり方を定型化（ルーチン化）することが望ましくなるため，機械的組織が選ばれます。

　一つの組織のなかで異なる構造をもつ場合もあります。たとえば，大学において，事務局組織は機械的組織に近いが，教育・研究組織は有機的組織に近いという場合があるでしょう。さらに，仕事のレベルでも異なる構造をつくっておくほうがよい場合もあります。教育活動において，試験の実施や成績評価の報告の仕事は機械的組織のなかで行われますが，カリキュラムの設計や新しい教育方法の開発は，有機的組織に位置づけられた部門で行われる，といった場合があります。

　こうした面から組織を理解すると，組織の再編や統廃合などの構造変革をしても成果につながらない原因として，環境に合わない変化をしているか，構造が変わっても仕事のやり方が変わっていないことが考えられるようになります。先に示した組織の構造をみる視点をふまえると，それぞれの組織には表 2-1 のような特徴があります。

表 2-1　機械的組織と有機的組織の特徴（Hatch（2013：100）を参考に作成）

	機械的組織	有機的組織
部門の役割	組織内の部門は明確に差別化され，上層の部門によって管理されている。	組織内の部門は広く統合され，仕事に関する知識にもとづいて管理されている。
仕事の内容	部門の役割と責任が明確であり，仕事の方法や手続きが定められている。	部門の役割と責任は状況に応じて決められる。
意思決定の主体	意思決定は組織の上層部で行われる。	意思決定は扱う問題に最も関連があり，最も知識を持ち合わせた部門が行う。
新しい仕事の進め方	標準的なルールや作業手順を定めることにより進める。	部門間で協力して問題解決に取り組み，仕事内容を調整・再設定しながら進める。
上司の役割	部下を監督すること。	部下の専門性と創造性を高めること。
威信の源泉	就いている地位。	仕事に関する専門性。
組織統合の方法	上司への報告と部下への指導によって行う。	上司と部下の間や異なる部門の間での双方向のコミュニケーションによって行う。

第 2 節　官僚制組織の基本構造

▋ 2-1　官僚制組織の特徴

　今日の組織に共通してみられる構造の一つに，官僚制組織があります。これは，機械的組織に近い形態ですが，有機的組織の特徴も一部に含まれています。多くの組織が官僚制組織を採用する理由は，組織の統合において最も合理的な方法であると考えられているためです。

　異なる考えや経験をもつ多様なメンバーを組織の目的に向かって統合するには，何らかの力（権威）による支配が必要です。ウェーバーはメンバーによって正当性があると認められる支配として，合法的支配，伝統的支配，カリスマ的支配の三つの方法があることを示しました（表2-2）。このうち，合法的支配のために適した組織形態を官僚制組織と呼びます。

　官僚制組織の構造面の特徴として，(1) 分業，(2) 権威の階層性，(3) ルールと手続きの標準化の三つがあります。分業は，効率的で効果的な目標達成のために行われます。また，分業は仕事の専門性に応じて決められるため，分業は組織内に部門をつくることにつながります。組織は部門をとおして管理されるため，分業は二

表2-2 ウェーバーの三つの支配（Bess and Dee（2008：203-204）を参考に作成）

合法的支配	正当な手続きによって定められた規則に従うことによる支配。
伝統的支配	昔からある慣習，身分，伝統に従うことによる支配。
カリスマ的支配	特異な個人的資質に帰依することによる支配。

表 2-3 官僚制組織の特徴（Bess and Dee（2008：204）を参考に作成）

・専門性にもとづく分業
・手続きの明確化（仕事の進め方は標準化・ルーチン化する）
・規則による支配（文書で明示された規則で仕事を管理する）
・非個性的業務（規則の適用は合理的かつ画一的に行う）
・専門性にもとづく採用と昇任（人事は専門性を客観的な基準で評価して決める）
・権威の階層性（地位と権威は仕事に関してのみ適用される）
・俸給表にもとづく給与支払い
・キャリアの保障と透明性
・専門性を高める能力開発
・能力主義にもとづく人員配置

つめの特徴である権威の階層性とも密接な関係をもっています。権威の階層性とは，支配のための権威がルールによって決められ，階層の最上位がそれを保持する特徴です。そして，組織の下位の階層は上位の階層によって管理されます。具体的には，トップの者はルールに沿って意思決定を行い，下位の階層に指示を与え，報酬や懲罰を出す権限をもちます。第三の特徴の標準化は，組織内のさまざまな活動が，書面で示された方針，ハンドブック，職務内容指示書，マニュアル，組織図などを通じて実施されるという特徴です。

　官僚制組織は機械的組織の特徴を備えていますが，分権化されている点が特徴です。機械的組織は，組織の上層で意思決定をしますが，官僚制組織は意思決定のルール（規程）を組織の上層で決め，そのルールにもとづいて下層で意思決定をします。ルールに従うことで組織の下層であっても上層で行う意思決定と同じ意思決定ができるようになります。そのため，組織が大規模になるほど，上層からの指揮命令で組織を統合するのではなく，ルールによって統合する方法が選ばれます。

　そのほかに官僚制組織の特徴には，表2-3のようなものがあります。

表 2-4　官僚制の逆機能
（田尾（2010：133），小野（2013：51-54），Manning（2013：113）を参考に作成）

規則の目的化	・組織目的達成のための規則を見失い，規則の遵守自体が目的になること。 ・個人の役割や責務も規則で決められるために生じる。 ・組織環境が不安定なほど，組織目的達成のための規則づくりが困難なことが背景にある。
事なかれ主義	・規則に書かれていないことは行わないこと。 ・規則の見直しの提案が評価の対象にならないために生じる。
お役所仕事	・個別のケースに応じた対応ができないこと。 ・癒着や公私混同を排除できるという長所もある。

■ 2-2　官僚制組織の課題

　ウェーバーが官僚制組織を示した 20 世紀初頭は，不当な圧力や縁故採用の問題を解決できる合理的支配の長所が機能していました。しかし，合理的支配が原則となった現在では，官僚制の課題への対応も求められています。

　ウェーバーは，官僚制組織の仕事の成果は，そこで働く人の価値観によると指摘しました。そして，形式合理性と実質合理性の二つの合理性の適用を求めました。形式合理性は，制定された一般的規則が個々のケースに適用され，すべての意思決定と行動が制定された規則に従うことを指します。一方，実質合理性は制定された規則の枠を超え，個別のケースに応じて特定の価値や目的を意識的に実現する度合いを指します。そして，実質合理性を考慮せずに形式合理性を適用すると，組織はその目的と離れたところで閉鎖的になることを指摘しました。

　今日の官僚制組織は，形式合理性のみが強調されるために課題を抱えています。官僚制の逆機能と呼ばれる問題です（表2-4）。それらは，組織目的と合わない規則や組織環境に対応できない規則が温存されることに由来します。そのため，ルールによる組織統合の長所よりも短所の問題が大きい場合には，別の方法で統合することを検討すべきです。

■ 2-3　官僚制組織の設計

　官僚制組織は，機能別組織，事業別組織，マトリックス組織の三つのモデルを基本に設計されます（Bess and Dee 2008）。機能別組織は，専門性にもとづいて部門をつくる組織設計で，官僚制組織の基本です。この設計では部門内のコミュニケーションが専門的知識を中心に行われるようになるため，仕事の効率が上がるとともに

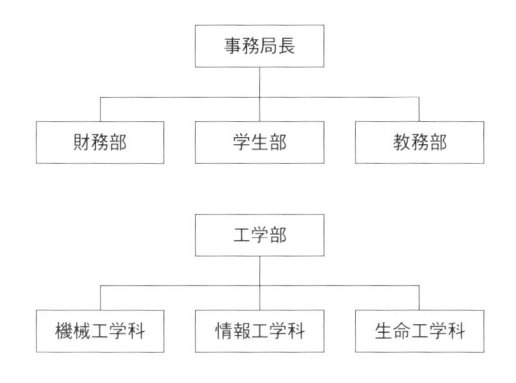

図 2-1　機能別組織の例

　より高いレベルの仕事を遂行できるようになります。一方で，部門間の分断，あるいは部門内の下位グループ間の分断も促進します。そのため，どの程度の専門領域を一つの部門とするかのバランスに配慮が必要です。

　たとえば，理学部と工学部を分けて設置する場合と，理工学部として設置する場合では後者のほうが組織の統合は容易です。ただし，学部内で理学系と工学系の二つの学科に分断する設計をした場合は，学部内で分断の問題が深刻になります。同様に，学生部と教務部はどちらも学生に関する仕事を扱うので学務センターにまとめるという設計が可能です。学生からは受け入れられやすい設計ですが，メンバーに部門内のコミュニケーションを円滑に行う能力がない場合は，分断するほうが仕事の効率は上がります。

　事業別組織は，機能別組織が大規模になる過程でその短所を解決するために採用される組織設計です。組織が大規模になると，部門間の調整にかかる技術的・時間的コストが大きくなります。そのため，各部門が自律的に活動できるよう分権化することでより効率的になります。大学の場合，教育組織のなかに事務組織を分散させ，各教育組織を自律的に運営する設計が多くみられます。

　この設計は各教育組織の成果を高めるには最適な構造設計ですが，資源を非効率に利用する可能性もあります。教育や研究の施設・設備などは共通化するほうが金銭的なコストが小さくなるため，近年は事務組織を中心に機能別組織に集約する大学が多くなりました。しかし，調整の技術的・時間的コストがそれよりも大きい場合，集約は高い成果につながりません。そのため，大規模な組織では分権化を中心

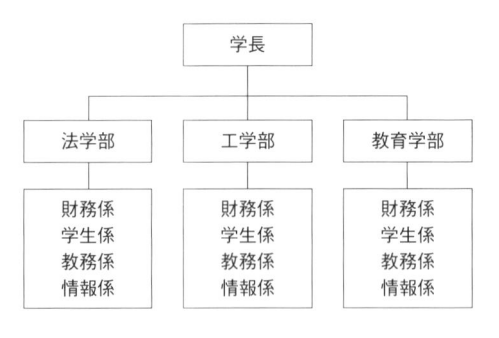

図2-2　事業別組織の例

| | | 教育プログラム・特定プロジェクト | | | | |
		ビジネススクール	児童教育プログラム	地域政策プログラム	高等研究院	IRセンター
人文社会科学院	哲学科					
	社会学科					
	心理学科					
	言語学科					
	経営学科					

図2-3　マトリックス組織の例

に設計することが原則です。

　マトリックス組織は，機能別組織や事業別組織が新たな環境に適応したり新しい仕事を生み出したりする際に採用される組織設計です。組織が大規模になると，官僚制の逆機能が強化され，新しい仕事への対応が困難になります。そこで，機能別組織や事業別組織の構造を維持したまま，メンバーに別の部門にも所属してもらい，特に事業別組織が直面する環境変化への対応を可能にします。

　たとえば，社会学部，情報学部，工学部の教員を集め，社会人向けにデータサイエンスの公開講座を提供する組織を設置したり，総務部，学務部，学長室の職員と政策科学部の教員から構成される大学評価室を設置したりする場合です。

　マトリックス組織は，実際の運営が難しい組織です。第一に，メンバーは複数の指揮命令系統に置かれるため，どちらの指示を優先させるか，指示が矛盾する際にどうするかなどの調整コストが発生します。第二に，従来の組織構造での仕事を調整せずに新しい仕事を追加すると，メンバーは過剰な仕事をすることになり現実

的では，ありません。そのため，マトリックス組織の運営には，上層部の統合の方法，メンバーが従事する仕事全体の設計，縦軸と横軸双方の部門を横断する調整など，密接なコミュニケーションが求められます。

■ 2-4　官僚制組織の環境適応

上でみたように，環境の変化によって新しい仕事のやり方が必要になる際には，部門化と統合化のバランスを変化させるよう組織構造を設計することで対応します。一般に，安定した環境であれば，垂直的なルールの適用と仕事のルーチン化が促進されます。環境の不安定化に伴い，新しい部門の設置・部門の分断・統合の必要性の増加が起き，組織構造の変更が検討されます。

ミンツバーグは，組織の環境と組織内の仕事の状況に応じて，組織構造は大きく五つのモデルに分かれることを示しました（Mintzberg 1981）。表 2-5 はこの五つのモデルの特徴をまとめたものです。

このモデルでは，組織はトップ，ミドルマネジャー，現場職員，専門職員，運営支援職員の五つの要素の組み合わせで構成されると考えます。単純組織は，トップと現場だけでほぼ構成され，機動的で実験的な取り組みができるため，環境への適応に優れた組織です。機械的官僚制組織は，仕事内容が標準化され，一定規模をもつ組織にみられます。組織を機能させるために標準化された手続きを生み出す専門職員

表 2-5　官僚制の五つのモデル（Mintzberg（1981：107）を参考に作成）

構造設計の特徴	構造と仕事の特徴
単純組織	・基本となる構造。 ・トップが現業部門を直接管理し，中間管理部門が小さい。
機械的官僚制組織	・仕事の手続きが標準化された組織・高い技術は要求されないが，特定の仕事に習熟した人材が必要。 ・詳細な計画立案とそれを管理する専門職員の役割が大きくなる。
専門職官僚制組織	・仕事の手続きではなく，技術が標準化された組織。 ・仕事の遂行に必要な専門的知識を有する人材（専門職）が必要。 ・組織階層はフラットになるが，専門職をサポートする運営支援職員の役割が大きくなる。
多角的組織	・特定の仕事のために自律的な運営を認められた内部組織を置く組織。 ・部門の直接的な管理はせず，資源配分を通じて行動を管理し，成果の測定で評価する。
革新的組織	・特定のプロジェクトに従事するチームを置く組織。 ・異なる経験や専門性をもつ人材の混成チームが，標準化されていない新しい成果を生み出す。 ・チームの直接的な管理はせず，成果はチームが自己評価する。

が，重要な役割を果たす組織です。安定した環境に向くだけでなく，別キャンパスを設置する，系列の大学を新設する際は，まずこのモデルで組織設計を検討します。専門職官僚制組織は，現場職員が専門職で構成されるため，専門職員の役割が小さく，運営支援職員の役割が大きくなった組織です。この組織は，専門職が養成される過程で身につける組織外の教育の影響を受けるため，環境変化に対する柔軟性は高くありません。多角的組織は，組織が大きくなりすぎたために，組織全体としては専門職官僚制組織でありながら，現場が機械的官僚制組織で構成されたものです。法人が複数の大学を運営する際にみられる構造で，組織が成長する過程ではこの構造が検討されます。革新的組織は固定化された現場職員部門が自律的で柔軟に変化する組織です。この組織は早すぎる環境変化に適応することができる反面，権威の力があいまいになったり矛盾する課題に直面したりするなど，トップ，ミドルマネジャー，その他の職員の変化や成長がなければ取り入れることが難しい構造です。

第3節　社会的に構築される組織構造

■ 3-1　観察されない組織構造

これまでみてきた組織構造は，組織図や座席表に表現できる目に見える組織構造でした。しかし，実際の仕事においては目に見える組織構造以上に，目に見えない組織構造が重要になることがあります。たとえば，ある仕事を進めるために直属の上司ではないが，定期的に開かれる職場の自主勉強会でよく顔をあわせる職員をとおして，事前に仕事の調整を行なったとします。この観察されない構造が仕事の成果を左右している場合，目に見える構造以上に目に見えない構造が重要な役割を果たしている可能性があります。

このような仕事をとおして構築される組織構造をイナクトされた構造と呼びます。これは，メンバーの間の相互作用をとおして形成されるため，社会的に構築される組織構造の一つです。一つの組織のなかには，観察可能な組織構造とイナクトされた組織構造が共存しています。これは，組織の成果を高めるために組織再編を行なったのに，思うような成果に至らないのはなぜかという研究をとおして明らかにされました。その結論は，目に見える構造が変わっても，それに伴って目に見えない構造が変わらなければ，成果は変化しないというものです。

たとえば，大学内のある学部を調査した際に，表2-6のような二つの異なる結論を導く場合があります。表の上段は，学外者が訪問し，学内の資料や数名からのイ

表 2-6　ある学部の組織構造を調査した例（Bess and Dee（2008：223-224）を参考に作成）

	調査で得られたデータ	データから得る結論
観察可能な構造	・組織図上の階層はフラットである。 ・明文化されたルールは少ない。 ・必要に応じて少人数チームを組織する。 ・会議室は意見交換のしやすい配置になっている。	観察データにもとづけば，この組織は有機的で分権化された組織である。
イナクトされた構造	・学部長はすべての分掌やプロジェクトについて毎週進捗の報告を求めている。 ・学部長と専門領域が近い教員や個人的に親しい教員はさまざまメリットを得ている。 ・メンバーは会議が無駄に長く，時間の浪費と思っている。 ・会議室はいい部屋だが誰も率直な意見を言おうとしない。	マネジャーとメンバーがイナクトした結果にもとづけば，この組織は機械的で集権化された組織である。

ンタビューを経てまとめたものによくみられます。一方，表の下段は，長期にわたって学部内の活動を観察したり話を聞いたりしたものによくみられます。そのため，組織構造を理解するには観察可能な構造だけでなく，イナクトされた構造を理解することが重要です。

■ 3-2　行動に影響を与えるメンタルモデル

　人間は常に複雑な思考をし続けることは認知的な負荷が高いため，思考を節約するために物事に暗黙の前提を置きます。このような物事の見方に関する暗黙の前提，仮説，信念，イメージなどをまとめてメンタルモデルと呼びます。たとえば，「教育方法は講義中心よりも議論中心にしたほうがよい」という意見を聞いたとき，すぐに賛同する人とそうでない人がいます。前者は「言語化が認知的理解を促進する」という信念をもっていたり「自分が尊敬する高名な先生と同じ意見だ」というイメージをもっているかもしれません。後者は，議論中心の教育を受けた経験がなかったり，過去に受けた議論中心の教育に不満足であったため，「議論中心の教育は成果が不明確」という前提をもっているかもしれません。メンタルモデルは複雑な事象の理解を促進する面と阻害する面の両方をもっています。

　全学的な課題について意思決定をする会議には，すべての部門からメンバーを呼ぶことを慣習としている大学を考えてみましょう。ある人は，この慣習が全学的な合意形成に不可欠と考えています。このメンタルモデルをもつ人や部門は，過去の

経験から全学参画型の会議は組織の一体感を高めてスムーズな会議の決定に貢献すると考えているかもしれません。仮にスムーズに会議が進む真の理由が，自分たちの関心のない議題に対して何も言わないだけであったとしても，そのことは問題ではありません。その人が社会的に構築した現実として，新たに会議を設置する際には必ず全部門からメンバーを選出する行動をとります。

観察可能な組織構造を変えればより効率的な組織になるという見方もメンタルモデルの一つです。そのため，組織構造を変えたのに効率的にならない場合，その解釈がうまくできず，特定の部署の責任にしたり，短期間で大がかりな組織構造の変更に何度も取り組んだりしてしまいます。

■ 3-3　メンタルモデルの共有

同じメンタルモデルをもつ人の集団は，その集団の行動や意思決定に影響を与えます。たとえば，文学部と工学部の2学部を置く大学で，全学的に座学中心の教育から活動中心の教育への転換が方針として示された場面を考えてみます。工学部では多くの授業で簡単な実験や工作を取り入れて行われるようになりましたが，文学部では座学中心の授業からほとんど変わりません。

ある人はこの原因を，工学部では学生の活動に必要な教材が豊富にそろうが，文学部ではそうした教材が少ないためという，観察可能な要因で説明するかもしれません。しかし実際には，活動中心の教育をほとんど行わない工学部もあれば，ほとんど座学を取り入れない文学部もあります。この違いは，その集団が共有しているメンタルモデルが異なるという背景があります。たとえば，教員の多くは研究大学の大学院出身者で，大学外の組織での仕事経験がない集団の場合，暗黙のうちに物事の深い理解には幅広い文献の精読が重要であるというメンタルモデルを共有しているかもしれません。このような学部では，学部の種類を問わず上のような教育方法の転換は困難になるでしょう。教員採用の場面でも，その集団のもつ優れた教員像として，研究大学出身で研究業績のある人物というメンタルモデルが共有されているため，その基準に合う教員が採用されます。このようにして，メンタルモデルを共有した集団は，その行動を通じてより強固にメンタルモデルの共有を進めていきます。

■ 3-4　イナクトされた構造の形成

メンタルモデルは，個人や部門の行動と意思決定に影響を与えます。その行動を

通じてイナクトされた構造が形成されます。具体的には，次のようなプロセスを経てイナクトされた構造をつくり出します。

- ・個人は経験から構築された現実を交換し，部門で共有されたメンタルモデルをもつ
- ・共有されたメンタルモデルが，部門の行動や意思決定に影響を与える
- ・ある部門の行動が，組織内に新しい調整や統合のパターンをつくり出す
- ・新しい調整や統合のパターンが，観察されない構造をつくり出す

　たとえば，学長の権限強化を求める環境からの要請に対し，ある大学では組織体系の見直しや規程の修正によって集権度を高める組織構造変更を行なったとします。しかし，メンバーのメンタルモデルが変更されない間は，この組織構造変更が仕事の成果を大きく変えることはありません。

　別の大学では，組織構造は変更せず，学長・副学長・事務局長の間でもつトップ会議の頻度を高めたとします。そして，下層で行われる会議の議案を事前にすべてレビューし，学長から具体的な検討の方向性を指示したうえで会議を開くよう，会議のもち方を変えたとします。はじめは，今までと異なるやり方に戸惑っていた副学長や職員も，次第に学長の考え方を理解するようになり，そのやり方を副学長や事務局長が所掌する会議でも取り入れるようになります。

　このようなプロセスは，目に見える構造を変えなくても，トップのメンタルモデルに触れた人たちが共有されたメンタルモデルを学内に広げることをとおして，大学を集権的な組織へ変えていくことができます。メンタルモデルが共有されるスピードは，副学長が学長に恩義があったり，職員が「職員は教員の意見に反対できない」というメンタルモデルを有しているほど速くなります。そのため，戦略的な学長は，自身の考えに近い教職員を大学本部に配置することで，イナクトされた構造をより速くつくり出すことを検討します。

■ 3-5　集団のカップリング

　イナクトされた構造がつくられる過程では，メンタルモデルの統合に伴う衝突が起こります。このとき，どのようにこの衝突は解消されるのでしょうか。これは，それぞれの集団の関係性によって異なります。この関係性をカップリングと呼びます。カップリングは，各集団がもつ独自性と反応性と密接に関連しています（Orion and Weick 1990)。

　どの集団にも，独自性と反応性があります。たとえば，大学内の学部には教育の目的，効果的な教育の方法，優れた研究の定義，教員の能力開発のあり方などについて，それぞれが大事にする考え方があり，それにもとづいて成果が生み出されます（独自性）。一方で，新しい考え方がもたらされたときに，それを積極的に受け入れて自分たちの考え方を見直したり否定的にとらえたりする指向性があり，それにもとづいてほかの集団とやりとりをします（反応性）。学部内では類似のメンタルモデルが共有されやすいものの，規模が大きい学部では，学部内にも学科・専門分野・年齢などによる複数の集団があると考えられ，一つの集団とはかぎりません。

　ほかの集団のメンタルモデルの受け入れが無批判に行われたり，受け入れを強要されると，イナクトされた構造がより速く構築されますが，集団の独自性が失われます（タイトカップリング）。一方，ほかの集団のメンタルモデルをまったく受け付けない関係は，組織としての統合ができません（デカップリング）。そのため，異なるメンタルモデルの集団を緩やかに関係づけることが，イナクトされた組織の構築と，集団が生み出す成果を保障するうえで重要です。この関係性をルースカップリングと呼びます。これらの関係をまとめたものが，表2-7 です。

　カップリングは，メンタルモデルを共有する集団間の関係性を説明する考え方です。構造設計のように明日からタイトにしましょう，次はルースにしましょうという形で変更できるものではありません。組織の成果にとって独自性の影響が小さければ，ある集団のメンタルモデルの強要による組織の成果への影響は比較的小さくなります。しかし，大学組織は各専門職集団のもつ独自性が成果を生み出す源泉であるため，特定集団のメンタルモデルをさまざまな形で強いることは，ほかの集団の活動を制約することになり，組織の有効性を低くする可能性があります。

表2-7　カップリングの態様（Orion and Weick（1990：204-205）を参考に作成）

	独自性の発揮	反応性の程度
ルースカップリング	発揮可能	集団内での高い反応性
デカップリング	発揮可能	反応性なし
タイトカップリング	発揮不可能	管理・強制による集団全体の高い反応性

第4節　状況適合の組織構造論

■ 4-1　オープンシステムモデル

　冒頭でみたように，組織構造を理解する重要な視点は，分断と統合のバランスです。また，社会的に構築される構造をふまえると，各部門がもつ専門性を尊重しながら，異なるメンタルモデルに触れる相互作用の促進というバランスも重要です。こうした考え方を取り入れた組織構造モデルに，オープンシステムモデルがあります。

　これまでみてきた組織構造は，組織内部の構造設計に注目していました。しかし，実際には組織の外と積極的なやりとりが行われています。特に，大学を取り巻く環境は，法令，学生募集，卒業後の進路先との関係が複雑で急速に変化しており，組織の外に対して敏感でなければ運営ができません。一方，組織のなかには個別の事情があり，すべての活動を外部からの要請に適応させていては組織の独自性が失われてしまいます。

　オープンシステムモデルは，環境からの要請を組織の中核的活動に統合していくプロセスをモデル化したものです（図2-4）。大学の中核的活動である教育・研究活動は，その専門性が高まるほど教育・研究以外に割ける時間が少なくなるため，その周囲に支援組織を置くニーズが生まれます。大学の活動は中核的活動と支援活動で十分ですが，これらの活動が活発になればなるほど，部門間の分断が進むため統合の必要性が生じます。しかし，中核的活動を行う各部門は統合に時間を割けないため，専門の部門がそれを維持活動として支援します。この考え方に従うと，財務，

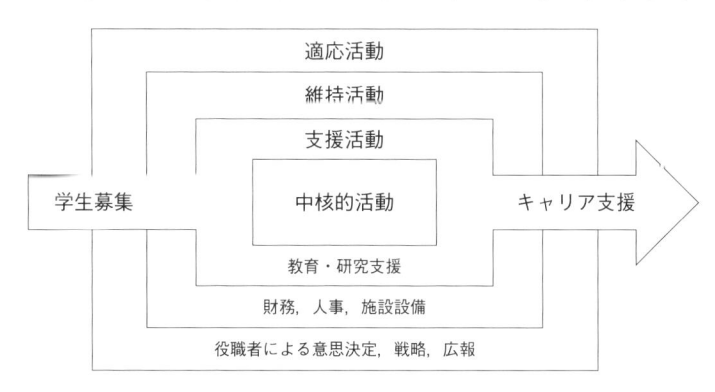

図2-4　オープンシステムモデル（Hatch（2013：109）より引用）

人事，施設設備の仕事は，部門間の統合を進めたり，異なる集団間のメンタルモデルに触れたりすることから，統合の仕事を行うことが求められます。組織としての統合が進むと，環境変化への対応が求められます。これは組織の代表を担う部門が適応活動として対応します。これらを前提とすると，役職者の仕事は，外部の環境を再解釈して組織内に取り込んだり，環境の適応のために維持活動の変更を要請することが中心になります。

このモデルでは，いわゆるトップの仕事はトップダウンを担うことではなく，環境の窓口になることと，トップが行なった環境の解釈を維持活動の変更をとおして部門間で再解釈してもらうことであることがわかります。目に見える組織図にとらわれるとこうした組織統合の視点を見失いやすくなりますが，オープンシステムモデルは組織構造をみる別の視点を与えてくれます。

▌ 4-2 中核組織と境界組織

オープンシステムと同様，組織の独自性を守るために環境からの要請を受け入れるだけでなく，環境の影響を和らげる構造をつくることで，中核的な組織を守ることができます。図2-5はこの関係をまとめたものです。テクニカル・コアは，組織が成果を生み出す中核的な技術であり，大学では教育活動や研究活動にあたります。

たとえば，国や産業界の要請で，すべての大学でキャリア教育の充実が求められるようになった場合を考えます。大学は，特定の専門分野に関する知識の獲得や活用の教育に中核的な技術を有していますが，外部環境が期待するキャリア教育については技術を有していません。そのため，新たに教育内容と教育方法を開発しなければなりませんが，中核組織の負荷が高くなってしまいます。それにより専門教育や研究活動などの中核的な活動に支障が生じると大学の強みを維持できません。そこで，キャリア教育センターを境界組織として設置し，そこに教職員を再配置した

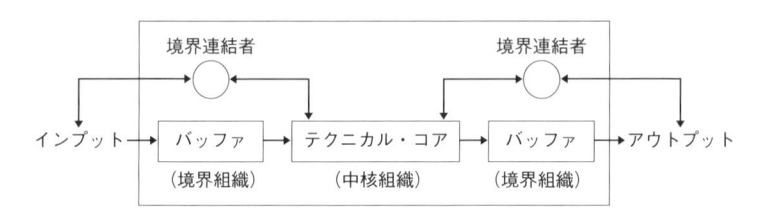

図 2-5　中核組織と境界組織 （Thompson（1967：13–21）を参考に作成）

り新たに採用して教育を提供したりすることで，テクニカル・コアを守るとともに，国や産業界に対してニーズに応えていることを示すことができます。

このとき，境界組織のメンバーには境界連結者（Boundary-spanner）としての役割が求められます。これは，学外からの要求を緩和したり（バッファリング），取り入れやすくしたりする（ブリッジング）活動を指します（Meznar and Nigh 1995）。

たとえば，既存の学内教育を分析し，これまで行なってきた少人数教育や実習授業のなかで，期待されるキャリア教育の要素が含まれていることが確認できたとします。そこで，中核的な活動を大きく変更しなくともキャリア教育に取り組んでいることが示せるよう，キャリア教育センターが卒業時に獲得能力に関する調査をしてその効果を学外に示す場合，バッファリングによってテクニカル・コアを守ることができます。一方で，キャリア教育センターが提供する教育内容を専門教育に取り入れてもらうよう，具体的な教材や教授法を提供し，専門教育の発展を支援することも必要です。すなわち，ブリッジングによって，テクニカル・コアの活動をより積極的に環境に適応できるよう支援することも必要です。

このことは，境界組織に置かれた教職員には，従来の教職員とは異なる役割が求められることを意味します。マネジャーには，境界連結者として適切な人を配置したり，境界連結者が活動しやすい状況をつくったりすることが求められます。

■ 4-3　中核組織の情報収集

境界組織を設けることで中核組織を守り，内部の効率性を確保する以上に，外部の環境に適応した変化が重要であるならば，境界組織を設けずにあえて中核組織を環境にさらすことも必要です。たとえば，21 世紀における教授パラダイムから学習パラダイムへの転換は，不可逆的な変化であり，かつ大学組織にとって中核的活動のあり方を左右する変化であると考えてみましょう。これは，遅かれ早かれ，学習パラダイム中心の教育組織へ変化することが求められることを意味します。この場合，FD（ファカルティディベロップメント）委員会に FD の企画を任せたり，FD センターを設けて学外との連結を任せるのではなく，授業担当者が環境と直接やりとりするほうがよいでしょう（Daft 2009）。

環境とのやりとりで最も有効な方法は，情報収集活動です。学習パラダイム中心の教育について，学外の講演会，研修，報告書，新聞記事，噂話などあらゆる情報を集めるようにすることで，組織にとって重要な情報を見落とさないようにすることができます。

■ 4-4　実践共同体

　組織のなかには，仕事上の問題の解決について自主的に集まって問題解決の試行錯誤を行う実践共同体（Community of Practice）が生まれることがあります。実践共同体は，イナクトされた構造の一つであり，特定の関心をもった人たちによる新しい知識や仕事の開発を行うグループです。実践共同体が取り組む開発は，公式の仕事と密接に関係しますが，仕事上の命令などによらずグループの自主性によって発生するため，組織がコントロールすることができません。そのため，実践共同体は一つの部門のなかで発生することもあれば，部門の枠を超えてグループが形成される場合もあります。

　実践共同体の活動が組織目標の達成に貢献する成果を出すと，組織には実践共同体を公式な組織に位置づけようとする誘因が生まれます。この公式組織化が，実践共同体の意欲を損なうか否かについてはまだ十分にわかっていません。実践共同体は自然発生するものであるため，組織が発生を強要することはできません。しかし，実践共同体が組織されやすい職場をつくるために，勤務時間の一部を自由な勉強時間にあてたり，組織内の多くの人と知り合いになれる機会を設ける組織もあります。マネジャーには，メンバーが実践共同体での活動がしやすくなる支援や環境整備の役割が求められます。

◆ケーススタディ**❶**：組織再編を繰り返す事務局長

　Ａ大学は学生数約 5,000 人の中規模私立大学である。Ａ大学では，過去 10 年間で４度も学長が任期途中で辞任しており，そのたびに副学長や事務局長などの幹部職員が頻繁に交代してきた。こうした経験によって，学内教職員の帰属意識は大きく損なわれてしまった。教職員のなかには自大学を中傷する発言をする者も出てきたり，大規模大学への異動を希望する教職員が増えたりしており，実際に近年多くの退職者を出している。このような状況下で，Ｂ氏はこの春の人事異動で事務局長に抜擢された。Ｂ氏は事務局長に就任後の２年間で３回の事務組織改編を行なった。しかし，Ｂ氏からみるといずれもうまくいったとは思えない。

　１回目の改革はより効率的な事務組織の構築をねらったもので，誰がどの成果に責任をもっているかを明確にするものであった。部局ごとに分かれていた複数の学部・大学院事務室を１か所に集めたり，広報部門に置かれていた同窓会部署を全学企画室へ移すなどした。また，グラウンドや体育館などの施設管理責任は学生課から施設部の責任となった。

　この改革でコスト削減という目的は一定程度達成できたものの，一部の教職員から強い反対が出た。大学院担当職員からは，業務量の大きい学部生担当職員の声が大きくなり，大学院教務に関する要望が軽視されるようになったと感じるとの訴えがあり，大学は大学院教育への関心を薄めているのではないかという懸念につながっていた。同窓会担当室長は寄付事業の責任者と衝突するようになり，寄付の見込みのある人に対する強引な態度を批判していた。また強化指定クラブを担当するある運動部の部長職員は，施設改修の際に必要な要望を学生課に伝えていたにもかかわらず，意図と異なる改修がされたと批判していた。

　これらの指摘を受けて，Ｂ氏はチーム制を基盤とする組織改編に着手する。Ｂ氏は組織内で起こる衝突や抵抗は，密接なコミュニケーションや協働によって解決できると考えていた。これにより，教務や入試の担当者はエンロールメント・チームへ，広報や生涯の担当者はコミュニケーション・チームへ属することとなった。しかし，この取り組みも協働を生み出すことなく失敗してしまう。現場では「誰が仕事を割り振るのか」といった混乱や「それは自分の仕事ではない」といった不協和が起こることとなる。

　この失敗を経てＢ氏はチーム制を廃止し，専門性にもとづく機能型の組織設計へ戻すこととした。しかし，チーム制のもとでうまく仕事をしてきた一部の教職員の意欲を削ぐこととなってしまう。また，全学的に広がっている成果の上がらない状況の改善も見込めない。さらに，学内からは多様な意見や不満も

投げかけられている。たとえば，教務部門と財務部門では異なるデータ管理システムを用いており，退学者に学費が請求されたり，学費を払っているのに滞納者として扱われ，履修登録が制限されたりするなどの事態が生じた。学生からは履修登録手続きの日程などについて，印刷物の情報とウェブ上の情報が異なり，どちらが正しいのかという問い合わせも多く来ていた。

　以上のように，機能型組織もチーム制組織も意図した成果につながっておらず，全体として大学のパフォーマンスは低いままであるといえる。一部の部署間には業務の重複が多数あるうえ，それらの間の仕事の質にも大きな差がある。B 氏は今後の組織のありかたを思案していた。

> ●論　　点
>
> ❶ B 氏は何度か組織の再編を行なったが，なぜそれらは意図した目的を達せられずに失敗したのでしょうか。
> ❷ 急速にチーム制組織に移行することはどのような問題を生じさせるでしょうか。
> ❸ B 氏は，どの程度メンバーの日常的な相互のやりとりを変えようとしたといえるでしょうか。

03 組織を人間関係から理解する

第1節　組織におけるアイデンティティ

■ 1-1　人間関係の重要性

　組織を構造面から理解することは，適切な構造さえ設計すれば組織は有効に機能するという立場をとります。壊れた車も部品を修理すれば再び走るようになるのと同様に，組織に不具合があれば，不具合のある部分の構造を変えたり新しい構造に取り替えたりすることで不具合を修正します。

　一方，組織を人間関係から理解することは，構造を変えても個人のモチベーションや人間関係が改善しなければ組織は有効に機能しないという立場をとります。この背景には有名なホーソン研究があります。ホーソン研究では，工場の労働者の生産性や労働意欲を左右する要因は，作業の物理的な環境よりも，上司やほかの職員との人間関係であることを明らかにしました。その後，多くの研究で人間関係や精神的報酬の重要性を指摘する知見が蓄積されています。

　人間関係に注目する組織論の中心的な課題は，組織内のコミュニケーションの改善です。コミュニケーションの改善がメンバーの社会的欲求を満たし，個人と組織の統合を促進すると考えます。

■ 1-2　メンバーの帰属意識

　大学の教職員は大学に所属していますが，大学に帰属しているかというと一概にそうはいえません。組織内での帰属意識（アイデンティティ）には，ローカルとコスモポリタンという二つのタイプがあります（Gouldner 1957）。この二つを分ける基準には三つあり，それぞれ（1）専門的な知識や技術に対するコミットメント，（2）所属組織への忠誠心，（3）準拠集団が組織の内か外かという基準です。準拠集団は，自分の意見や態度の基準を提供する集団を指します。そして，専門的な知識や技術

表 3-1　コスモポリタンが直面するコンフリクト（蔡（2007：28）を参考に作成）

	組織の期待	コスモポリタンの期待
目標コンフリクト	組織目標の達成	専門分野における新規性
自律性コンフリクト	組織役割を優先した自律性の制約	専門分野における成功のための自律性の尊重
権威コンフリクト	職位による権威の尊重	専門職集団の権威の重視
評価基準コンフリクト	組織への貢献，組織への忠誠心	専門分野における業績

に対するコミットメントが高く，所属組織への忠誠心が低いほど，そして準拠集団が組織の外にあるほどコスモポリタンになります。逆に，ローカルは所属組織を準拠集団とする人であり，OJT や配置転換を通じて次第に組織へのコミットメントを高めていきます。

　一般に，専門職と呼ばれる人はコスモポリタンの傾向があります。大学教員も専門職の一つであり，所属組織への忠誠心は低く，学会などの組織外の集団がもつ規範に合わせて行動し，働く際には自分の専門性を高めることを重視します。つまり，大学組織は，帰属意識の低いメンバーが多く所属する組織です。

　組織内でコスモポリタンが多くなると，組織の統合が困難になります。これはコスモポリタンが組織内でコンフリクトを経験しやすくなるためです。表 3-1 はコスモポリタンが直面する主なコンフリクトをまとめたものです。組織のマネジャーはこれらを前提として，教職員を組織へ適応させる仕組みを用意する必要があります。

■ 1-3　専門職の特徴

　専門職は，「学識に裏づけられ，特殊な教育によって習得した技能を，個々の依頼者の具体的要求に応じて，具体的奉仕活動をおこない，よって社会全体の利益のために尽す職業」と定義されます（石村 1969）。古典的には弁護士や医師がこれにあたり，次のような要件を備えた職業を指します。

①範囲が明確で，社会的に不可欠な仕事に独占的に従事する。
②高度な知識・技術の習得のため，専門の養成機関での教育を必要とする。
③広範な自律性が与えられ，その範囲内で行なった行為・判断に直接的に責任を負う。
④営利よりも，公共の利益に奉仕する。

⑤職能水準の維持向上のため，自治組織（学会）と倫理綱領をもつ。
⑥任用にあたっては資格試験を必要とする。

　専門職は国家を含むさまざまな組織から独立して仕事を行うことを前提にしていましたが，現代では専門職の定義は広がり，研究者，薬剤師，保健師，会計士，ジャーナリスト，教員，司書など，組織で働く専門職が増えています。大学教員は，教員間の連携と協働を前提としたカリキュラムに沿って仕事をすることが期待されるため，組織で働く専門職です。そのため，大学組織における統合では，教育活動を中心として帰属意識や人間関係の開発に注目する必要があります。

■ 1-4　大学教員のローカル化

　コスモポリタンの傾向がある大学教員は，所属組織よりも組織外の専門職集団により強くコミットする傾向があります。すなわち，学会などに対しては，研究活動に努力を投入し，研究成果を発表し，その見返りとして威信や学会における中心性という精神的報酬を求めます。一方，所属組織に対しては昇任や褒賞を含む大きな報酬を求めません。これは，所属組織に対しては最低限の貢献しかしないという態度を生みます。これらの関係を図にしたものが図 3-1 です。

　しかし，入職時にはコスモポリタンであった教員でも，キャリアの過程で大学組織へのコミットメントが高まる場合もあります。研究者として養成されて大学組織へ入職後，教育活動を経験するなかで教育における自分の役割を見出してローカルになる場合や，組織のなかで管理的なポストや政治的役割を経験するなかでローカルになる場合があります。また，キャリアの初期段階であっても，任期付きポストなどにより低次欲求の充足が困難になる場合，所属組織へ最大限の貢献をすることによりローカルになる場合もあります。ただし，この経験は所属組織へのコミット

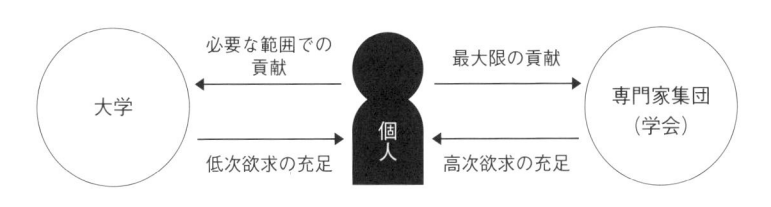

図 3-1　組織内専門職の特徴

表 3-2　ローカルとコスモポリタンの役割変化（中野（1981）を参考に作成）

		専門職集団へのコミットメント	
		弱 い	強 い
所属組織へのコミットメント	弱 い	便宜主義	コスモポリタン
	強 い	ローカル	二重忠誠

メントをより低くする可能性もあります。

　一方，研究の現場をよく観察すると，研究活動の中核的な知識や技術は，人や組織に属しています。そのため，優れた研究者と仕事ができることや優れた研究設備をもつことは，二重忠誠という形で所属教員のローカルとコスモポリタンの志向性を同時に高めることができます。

　これらの関係をまとめたものが，表3-2です。大学組織は，教育活動の重要性を強調すること，優れた研究者を集めること，組織内で教員が共同で教育や研究に取り組むのを奨励することなどにより，組織の統合を進めることができます。

第2節　グループダイナミクスを理解する

■ 2-1　組織内の集団のタイプ

　大学の教職員は，学内の部署に分かれて所属しています。また，人によっては一つだけではなく，複数の部署を兼務しています。こうした部署の人間の集まりを，ここでは一般に集団と呼ぶことにします。

　教職員が所属する集団は，公式組織と非公式組織の大きく二つに分けられます（表3-3）。公式組織は，公に認められた方針や規則にもとづいてつくられた組織であり，通常は組織図に表される組織です。単に組織という場合，公式組織を指します。一方，公式組織のなかに自然発生的に生まれる集団もあり，これを非公式組織といいます。非公式組織は，目的や公式構造との関係があいまいで，メンバーの個人的な関心や相互作用をとおして形成されます。組織のマネジャーは公式組織のみに注目しがちですが，非公式組織は組織の統合や公式組織の生成に影響を与える重要な存在です。

　非公式組織には，（1）組織内のコミュニケーションを促進する，（2）公式組織の凝集性を高める，（3）メンバーの個性を維持するという三つの機能があります。た

表 3-3　組織内の集団のタイプ

	タイプ	例
公　式	組織の一部	部・課・係・担当・学部・学科
	特定の仕事を共有する集団	委員会・ワーキング
	利害を共有する集団	労働組合
非公式	興味を共有する集団	研究会・勉強会・クラブ・サークル
	相互作用が生む集団	ランチ仲間（自然発生的）

とえば，公式組織のなかでは話しにくいことも非公式組織のなかでは気軽に話せたり，そこで話した優れたアイディアが公式組織の決定に影響したりしたという経験をもつ人も多いでしょう。このことは，組織内において共通の態度，理解，慣習，制度を確立したり，これまでにない公式組織の発生条件をつくり出したりすることにつながります（坂井 2010）。

■ 2-2　集団における人の行動

　人は公式，非公式を含む複数の集団に所属していますが，一般に，人は集団に属すると個人のときと異なる行動をとります。属した集団から安心感や自尊心が得られ，他者との親密な関係が得られるなら，人は個人のとき以上に動機づけられる場合があります。一方，属した集団のルールや規範に縛られると認識すると，集団へのコミットメントが低くなります。

　大学の教職員が行う仕事の多くは一人だけで完遂することはできず，共同作業が必要です。しかし，一般に集団内で共同作業を行うと，個人で取り組むときよりも生産性は低下する傾向があります。これを社会的手抜きと呼びます。社会的手抜きは，集団内における個人の努力や生産性の評価が困難であるほど生じやすくなります。そのため，集団の人数が増えるほど，生産性の低下も大きくなる傾向があります。これを前提にすると，マネジャーには，集団のサイズや仕事の取り組み方を工夫する役割が求められます。個人で取り組める仕事は個人に帰属させ，集団で取り組む仕事はできるだけ少人数で取り組み，互いの仕事の進め方（プロセス）について情報共有できるようにします。

■ 2-3　集団の発展段階

　公式，非公式を問わず，集団で仕事に取り組む場面では，どのような集団も単に人を集めただけでは機能せず，いくつかの段階を経て発展していく必要があります。表3-4は，集団の発展段階をまとめたものです。

　集団の発展段階では，2段階目の混乱期をどのように経験するかが重要です。混乱期は，メンバーの状況，立場，気分に関する本音を隠さずに表明する時期です。しかし，こうした行動にはエネルギーが必要であり，多くの人はそうした対立を避けたがります。そのため，マネジャーは人間関係を壊さない範囲で，衝突を避けないようメンバーに働きかけることが求められます。たとえば，メンバーに傾聴を求めたり，口頭での意見交換を補うためにゲームを取り入れたり文書を用いて意見を表明できる機会をつくったりします。また，非公式グループの活用や，集団の外の意見を聞いてくる課題を指示することで，本音を出しやすくすることができます。適切な混乱期を経験できない集団は，形成期の段階にとどまり続け，いつまでも集団としての機能を十分に発揮できません。

　組織の再編，新設，廃止をしたのに成果につながらないと考えるマネジャーの多くは，こうした集団の発展段階を考慮に入れていません。組織構造の変更は，一度発展した人間関係をこわし，再度発展させる必要があるため，時間的コストが高い手法です。したがって，コストを上回る効果が期待できる場合に組織構造の変更を検討するとよいでしょう。また，全学的な委員会やワーキングを組織する際は，チームビルディングに十分な時間をかけることで，生産性の高いチームをつくることができます。

表 3-4　集団の発展段階（Tuckman and Jensen（1977：421-422）を参考に作成）

①形成期（Forming）	互いの共通目標を模索する段階（単にメンバーが集まっただけの状態，互いを認識する段階）。
②混乱期（Storming）	目的・役割・責任をめぐって主張が混乱する段階（この段階が，グループが発展するか崩壊するかを左右する）。
③規範形成期（Norming）	互いの考えを受容して，目的や役割を共有する段階（グループとしてのルールができあがる）。
④実行期（Performing）	グループで目標を達成する段階（この過程でメンバー間に信頼感やつながりが生じる）。

■ 2-4 集団浅慮

集団が適切な発展段階を進めないことに加え，集団内で合意を過度に重視しすぎるために，意思決定が非合理な方向へ歪められることがあります。これを集団浅慮（Groupthink）と呼びます。集団浅慮にはいくつかのタイプがあり，表3-5はこれらをまとめたものです。

集団浅慮が起こりやすくなる条件には三つあります。一つは，時間的な制約で，内容の検討よりも期限までに決定することを優先するために起こります。二つめは専門家の存在で，内容に関する専門家が集団内にいると，専門家の意見に追従し，メンバーが自分で考えなくなるために起こります。三つめは利害関係の存在で，内容の検討よりも，特定のメンバーに有利な決定があるときに，それが優先されてしまうことで起こります。

多くのマネジャーは，集団浅慮が起こらないよう「率直な意見交換をしましょう」という声がけをします。しかし，表に示されるとおり，そうした声がけだけで問題は解決できません。そのため，マネジャーには集団浅慮を避けるための工夫が求め

表 3-5　**集団浅慮のタイプ**（Janis（1982：174-176）より作成）

タイプ 1	グループの能力の過大評価	自分たちの安全性への過信 「本学の医学部がつぶされることなどありない」。
		自分たちの倫理観や道徳性を疑わない 「研究費を業者にプールしておくことは，資金を有効に使う知恵なのに」。
タイプ 2	心理的な閉鎖性	外部の警告の無視 「生命科学部の研究不正は，文学部には関係ない」。
		外部集団への偏見や軽視 「現場を知らない文科省の方針には，表面的に合わせればよい」。
タイプ 3	均一性への圧力	少数意見を言うことをためらう 「異議をもつ自分の考えには何か欠陥があるのかもしれない」。
		満場一致の決定がよい決定と考える 「多くの人が賛成しているなら，異議を唱えても雰囲気を壊すだけだ」。
		少数意見への圧力 「異議を唱えたら，グループから外されそうだ」。
		合意を覆す情報の隠蔽 「またはじめから検討するのは面倒だ，時間がない」。

られます。一つは，時間に関する工夫です。集団内で意思決定をする際は，集団内の人間だけではなく，集団の外から意見を集めて検討する時間をあらかじめ確保しておくことです。また，マネジャーの予測や意見をはじめから表明しないことも重要です。もう一つは，メンバーの役割に関する工夫です。たとえば，メンバーの役割として信頼できる集団外の人の意見を求める役割を与えたり，メンバーのうち最低でも一人は常に反対の意見を言う役割を与えたり，マネジャーに対して批判的な意見の人を議論の場に招いたりすることなどがあります。

第3節　同僚性組織の特徴

■ 3-1　集団がもつ規範

多くの集団は，それぞれ独自の規範をもっています。規範とは，集団内で共有された信念のことで，メンバーに期待される行動や守るべきルールを反映したものです。個人がどの程度規範に縛られるかは個人によって異なりますが，個人が規範から外れると何らかの規範的制裁を受けることになります。そのため，メンバーは公式の組織構造で定められた権威やルールよりも，集団内の規範にもとづくルールや行動を優先させる場合があります。

規範は明文化されたものではないため，さまざまな形で集団内に存在します。表3-6 はその一部をまとめたものです。これらは多くの大学に共通してみられるもの

表 3-6　組織内の規範（Bess and Dee（2008：340–341）を参考に作成）

自己呈示としての規範	メンバーの望ましい印象を与えるための振る舞いに関する規範（学生と教員は対等な関係で話す，教員は権威的な衣服を好まない，学生も教員を○○さんと呼ぶなどを重視する学部など）。
優先順位づけのための規範	メンバーにとって何が重要で価値のあることかを理解するための規範（私たちにとっては人事が最も大事なので，人事に関する議案はどんなときも最優先の議題とするなど）。
互恵性のための規範	メンバーの間で，与えられた恩と同じ恩を返すことを強化する規範（批判は公の場では行わず，個人的に行うなど）。
問題解決のための規範	意見の相違を調整する方法に関する規範（学生の処分に関する意見の相違は公式の会議ではなく，事前調整や非公式なやりとりをとおして調整するなど）。
分配のための規範	資源の配分や仕事の分担を調整する方法に関する規範（講座費は均等に分配する，入試の監督はローテーションで担当するなど）。

であり，マネジャーはこれらの規範をよく知っておく必要があります。また，これらの規範の存在は，職位にもとづく権威のみで組織の統合が達成されないことを意味します。

■ 3-2　教員集団の同僚性規範

　学部や学科などの教員集団や評議会のような，教員で構成される集団には，古くから受け継がれ，現在も共有されている独自の規範があります。たとえば，学部の自治，カリキュラムの自治，学問の自由，ピアレビューによる評価，教員の自律，民主主義，専門性にもとづく威信，筆頭同僚としての役職などの同僚性規範です。これらの規範は，官僚制の組織構造のなかに共存しており，教員組織の構造を複雑にしています。

　たとえば，教員には教授，准教授，講師，助教という職位がありますが，それぞれの職位における仕事上の責任の違いはあまり大きくありません。職位にもとづく権威の力は小さく，それ以上に専門分野における中心性が威信の源泉です。そのため，若手の教員であっても専門分野における高い評価を得ている教員は，一定の威信をもつことができます。このような専門性にもとづく威信という規範は，集団内の権威構造を外部から観察しにくいものにします。また，集団内に複数の威信の中心があり，専門分野の発展などによりその中心が流動的に変化することも，集団の構造理解を困難にします。たとえば，研究者として優れた評価を得ている教員が，常にカリキュラムの改革で権威を発揮できるとはかぎらず，国レベルのコアカリキュラム策定にかかわった教員などがより権威を発揮する場合があります。

■ 3-3　同僚性組織における意思決定

　同僚性組織におけるコミュニケーションは，平等で散発的なものとなる特徴があります。公式のコミュニケーションでは，取るに足らない問題でも象徴的にとらえて深刻に議論したり，深刻でない問題に対して専門知識にもとづく詳細な批判を加えたりします。また，集団内では公式のコミュニケーションよりも，非公式なコミュニケーションのほうが重要であり，集団内の規範は非公式なコミュニケーションによって維持されています。これは，その背景に，集団でものごとを決める際には民主的なプロセスを重視するという規範があることによります。

　こうしたコミュニケーションの特徴は，意思決定のプロセスが不確定で時間のかかる点にあります。たとえば，議論の焦点がそのときに出席しているメンバーの関

心で変わったり，どこで論点が変わったのかがわかりにくいということがあったりもします。また，議論への参加も流動的であるため，議論の最終段階で新しい参加者が根本的な問題を指摘して議論をやり直したりします。

　集団外からみると，このコミュニケーションは非効率にみえますが，同僚性規範をもつ集団では極めて効果的な方法です（Birnbaum 1992）。一つは，このプロセスにおいて各メンバーは問題に対する個別の解釈を行なっており，大多数の個人が納得し，解釈できると意思決定がなされます。いったん解釈がなされると，各メンバーは決定事項に対してそれぞれ異なる見解をもっているにもかかわらず，同僚性規範の一つである自律性によってその取り組みが推進されます。もう一つは，マネジャーによる拙速な決定がもたらす弊害を防ぐことができます。そのため，同僚性規範を共有する集団では，トップダウンによる決定は非効率を招きます。

■ 3-4　同僚性組織における役職者

　同僚性規範のもとでは，集団内の階層はフラットで管理職による監督は行われず，個々の教員は自律的，独立的な存在です。学科長や学部長のような役職は，平等な仲間の筆頭者と認識されます。このような関係では，役職者には次のような役割が期待されます（Baldridge et al. 1978）。

> ・優れた聞き手となる（命令をしない）
> ・専門家の判断をまとめる（自分の判断を優先しない）
> ・メンバー間の発言を促す（管理をしない）
> ・説得や交渉で働きかける（指示で働きかけない）

　専門家の集団の筆頭者としてメンバーの信頼を得るには，専門家集団の規範と文化，および意思決定のプロセスを深く理解している人物であると認識される必要があります。つまり，役職者はマネジャーではなく，コミュニティに奉仕する者でなければなりません。こうした特徴から，同僚性組織の役職者は集団内の互選によって任命される必要があります。集団外の権威やマネジャーから指名された役職者の場合は，同僚性規範を尊重する人物であるという信頼を得るまでに時間を要するため，かえって非効率となる場合があります。

■ 3-5　同僚性集団を抱える組織のガバナンス

現代の大学は，大学組織全体で意思決定をしなければならない課題が増えています。しかし，組織内に同僚性規範をもつ集団がある大学組織では，トップダウンによる決定は非効率です。なぜなら，それぞれの集団で十分な解釈が行われない決定事項は実現されないからです。そのため，組織全体の意思決定には，それぞれの集団が参加し，十分な議論をするプロセスが必要です。

特にカリキュラムに関する課題では，同僚性組織の役職者と同様，参加者の信頼を得られる役割を果たす必要があります。すなわち，参加者間での話し合いを促し，優れた聞き手として参加者の判断をまとめる役割が求められます。同僚性集団を抱える組織のガバナンスで最も重要なことは信頼を得ることであり，信頼関係が構築できれば各分野の専門家はマネジャーの強力な支援者として組織全体の統合に貢献してくれるようになります。

第4節　人間関係を重視するマネジメント

■ 4-1　人間関係を生かす基盤

構造面からみたマネジャーの役割は，組織全体の目標設定や目標達成のためにメンバーを管理することです。しかし，組織において人間関係の側面が重要であるなら，マネジャーはそれを前提とした組織設計が求められます。メンバーがより好ましい人間関係のなかで働ける基盤として，次の三つの原理が参考になります（リッカート 1968）。

・支持的関係の原理
・小集団による集団的意思決定の原理
・高い目標の原理

支持的関係の原理は，各集団に所属するメンバーが周囲の人から十分に支持されている必要性を指摘したものです。そのためにマネジャーは，下層のメンバーに関心を示し，メンバーとしての価値や重要性を伝えるようにします。もちろん，メンバーをよく知っていなければそうした支持的関係をつくることができません。そのため，公式・非公式の機会で接点をもったり，情報を集めたりする工夫が必要です。

小集団による集団的意思決定の原理は，どのメンバーも参加している小さい集団

で意思決定に参画する機会の確保を指摘したものです。組織内のほとんどの仕事は，小さい集団を単位として取り組まれています。小集団のなかで個人に仕事が与えられるのではなく，小集団を最小の単位として，小集団での決定に参画することを仕事の中心とします。

高い目標の原理は，組織の上層から目標を与えるのではなく，メンバーが高い目標を設定できるように支援することで，組織全体の成果をあげることを指摘したものです。そのためには，各メンバーと十分なコミュニケーションをとっている必要があります。

■ 4-2　リーダーシップのスタイル

人間関係を生かす基盤をふまえると，マネジャーのリーダーシップのスタイルはメンバーの参加を促すスタイルが効果的です。マネジャーからメンバーへの信頼度が低いほど，マネジャーはメンバーを意思決定に参加させません。多くの意思決定は組織の上層部で行い，命令として組織の下層へ伝達されます。このような組織では，組織目標と異なる関心の非公式組織が形成され，上層部が設定した目標の達成は困難になります。

そこで，マネジャーはメンバーを信頼し，意思決定を組織内で広く共有するようにします。一見組織全体の統合が困難になるようにみえますが，人間関係を生かす基盤があり，垂直的・水平的の双方で十分なコミュニケーションが図られていれば，全体としてゆるやかに統合されます。

■ 4-3　マネジャーに有益な質問の技法

組織内の活動に関して，メンバーがマネジャーから信頼されていると認識できる効果的な技法の一つに，質問するというものがあります。一般に，組織の上層の職位に就く者は豊富な知識を有しており，それを顕示するほうが賞賛されると考えられています。専門性にもとづく知識は他者へ適切な影響力を及ぼす力がありますが，職位の上下の関係では自分が答えを見出せないことについて質問をするほうが，よい人間関係の構築を促進します。

質問をする際は，次のような四つのタイプの質問が有効です（シャイン 2014）。

・**謙虚な問いかけ**：自分が知らないことを積極的に認めて問いかける，相手を理解したいという気持ちで問いかける

・**診断的な問いかけ**：相手の思考プロセスに影響を与える
・**対決的な問いかけ**：質問のなかに自分の考えを入れて問いかける
・**プロセス指向の問いかけ**：両者の関係性を振り返る

　謙虚な問いかけは，自分が知らないことを積極的に認め，相手から率直な情報を求める問いかけです。相手が優等生的な回答をしなければと思ったり，マネジャーが期待する回答をしなければと思ったりするような問いかけでは，謙虚な問いかけになりません。問いかける人が偽りなく謙虚でなければ，相手は敏感に感じ取るため，問いかける側の相手に対する純粋な興味が重要です。

　診断的な問いかけは，相手の思考プロセスに影響を与える問いかけです。具体的には，(1) ある問題に対する感情や反応に関する質問，(2) 相手の話に出てきたことに対して理由や動機を問いかける質問，(3) 相手が行動したこと，考えていること，今後やろうと計画していることを問いかける質問，(4) 相手の話の全体的な状況を問いかける質問があります。

　対決的な問いかけは，相手との十分な信頼関係があり，相手の役に立ちたいと思うときにのみできる質問です。相手の話に対して「なぜ＊＊をしないのですか」という形で自分の意見を入れます。相手との信頼関係がなければ，相手はそれを命令と受け取る可能性があります。

　プロセス指向の問いかけは，相手との関係をよりよいものにするための質問です。たとえば，「立ち入った質問だったでしょうか（謙虚プロセスを振り返る）」「今回こういう話をしてくれたのはなぜでしょうか（診断的プロセスを振り返る）」「私の質問があなたの感情を刺激してしまったでしょうか（対決的プロセスを振り返る）」といった質問をします。

◆ケーススタディ❷：学生調査の項目を決める委員会

　A大学は，8学部を擁する学生数 7,000 名の中規模私立大学である。A大学では，以前より学生部長を委員長とし，各学部から1名ずつ選出された学生部委員（1年任期）と学生課長からなる学生部委員会を設置し，在学生の学生生活にかかわる諸問題の検証と改善策の策定を行なってきた。学生部委員会は，年 10 回程度の会議が行われ，学生部長を中心に一見滞りなく進行されているものの，各回の会議は，元常任理事や元学生部長であった一部のベテラン教員が強い発言力をもって進められており，若手の教員たちは，発言しにくそうな状況であった。若手のB准教授もその一人であった。

　このような雰囲気のなか，在学生の学生生活にかかわるさまざまな議論がなされるなかで，学生部委員会は，在学生の実像を把握するために，20 年前から4年に1度，学生実態調査を実施していた。実態調査の質問項目は，学生部委員会で決議して実施されることとなっていた。

　学生実態調査の回数を重ねていくなかでC事務局長は，「学生実態調査は調査しっぱなしで，調査結果をどのように大学運営に活かしていくのかが見えてこない」として，A大学が取り組んでいる教育活動に対して，在学生の満足度を調査し，満足度の高くないものは，当該部門から改善計画を立てさせることを考え，学生課長に4年に1度の学生実態調査を，毎年実施する学生満足度調査に変更するよう指示した。学生課長は，このことを学生部長のD教授に報告し，学生部委員会で委員に学生実態調査を学生満足度調査に変更する件について審議する準備が始まった。

　学生部委員会では，今後どのようにして学生満足度調査が学内で活用されていくのかを学生部委員が十分に理解していなかったものの，C事務局長からの指示であったこともあり，学生満足度調査への変更が承認された。当初の予定どおり，第1回学生満足度調査が実施された。

　その後，事務局長の提案のとおり，学生満足度の高くない取り組みに対しては，関係する部門が改善計画を立てることになった。各部門は改善計画を策定したものの，大学執行部は全学的な政策への反映や予算措置などによる支援をしなかった。こうした対応に各部門からは，「責任を押し付けられているだけではないのか」などの不満の声が上がった。

　その後，第2回学生満足度調査の実施について学生部委員会で意見交換がなされた。学生部委員会では，発言力のあるベテラン教員であるE教授が「学生の満足度に合わせて教育活動を変えるものではない。学生は自分たちの都合のいいように回答する。教育活動とは大学のポリシーにもとづいて行われるものである。学生満足度調査をやめて，学生実態調査に戻したほうがいい」と発

言した。これがきっかけとなり，審議を経て学生実態調査の再開が決議された。これにより，学生満足度調査は1度実施されたのみで廃止されることになった。

　学生実態調査が再開された頃，大学関係者の間では，大学の諸活動に関する情報の収集と分析，その情報システムの運用と活用を効果的に行うことによって大学経営の意思決定に役立てることを意図して機能するとされるインスティテューショナル・リサーチ（IR）への関心が高まっていた。各大学がIRへの対応を進めるなか，A大学においても学長を委員長として，学長指名の学部長や管理職の教職員からなるIR委員会を設置した。社会調査士の資格をもつB准教授は，学長からオブザーバーとしてIR委員会への出席が要請され，学生部委員会とIR委員会の双方に出席することになった。

　IR委員会では，在学生からの情報収集に学生実態調査を活用し，分析することを決めた。ただし，学生実態調査の質問項目は，すべてIR委員会が決定するのではなく，これまでどおり学生部委員会が決議した質問項目に対し，IR委員会が追加・修正したうえで，学生部が実施するという複雑な運用がされることになった。

　この運用が学生実態調査に対する学生部委員の関心を大きく変えることになる。学生部委員会が開催された際，学生部委員に対して学生部長から「今後，学生実態調査は，学生部委員会が決議した質問項目に対して，IR委員会が追加・修正した内容をアンケートすることになった」との説明があり，これを受けて学生実態調査の質問項目について審議に入った。審議は一見これまでどおり，質問項目に対して議論をしているように見受けられたものの，委員同士の意見が分かれたり，判断に迷ったりすると，「IR委員会の判断に任せましょうか」という発言が出て議論が途絶えることが増えた。E教授でさえ，「最終的にIR委員会が修正するはずなので，このままにしておきましょう」と発言し，誰もその意見に反対する者がいなかった。

　学生部委員会から学生実態調査の質問項目を受けたIR委員会では，委員によるさまざまな意見交換がなされるなか，B准教授は「学生部委員会で決議された質問は，IRを意識した内容となっていないため質問項目を見直し，IRとして大学経営の意思決定に役立てられることを意図した質問内容に修正する必要がある」と指摘した。しかし，別のIR委員は「学生部委員会で決議されている質問項目なので，学生部の意見を尊重したほうがよいのではないか」との指摘があり，その結果，学生部委員会が提案した質問項目のままで学生実態調査が実施されることになった。

　IR委員会終了後，この事実を知った学生課長はB准教授に対し，「なぜ学生部委員会の段階でIRを意識した質問項目への変更を提案しなかったのですか」と尋ねたところ，B准教授からは「学生部委員会の雰囲気では，どこまで発言

していいのかわからなかった」との返答があった。

●論　　点

❶学長およびC事務局長はどのようなことに配慮すべきであったと考
　えられるでしょうか。
❷学生部委員会とIR委員会は組織図のなかでどのように位置づけるべ
　きと考えられるでしょうか。
❸IR委員会が革新的な提案を出すうえで重要な要因は何でしょうか。

04 組織を政治活動から理解する

第1節　パワーを理解する

■ 1-1　意思決定における限定合理性

　構造の視点で組織をみることは，権威の配分を変えて分断と統合のバランスを図ることで，より合理的に組織の目的を達成するという点にありました。このような組織観に立つと，組織内の政治活動は正統な権威の力を損ない，トップの管理統治活動を脅かす存在として位置づけられます。

　官僚制組織をはじめ合理性にもとづく組織観では，トップを含む組織のメンバーは常に問題に対して合理的な意思決定やルールづくりができるという暗黙の仮定を置いています。しかし，こうした仮定は現実的ではありません。人間の認知能力には限界があり，すべての情報を集めることはできず，すべての情報を検討する時間もありません。これを限定合理性と呼びます。

　限定合理性は，政治活動によって意思決定が調整される余地を生み出します。すなわち，組織内の政治活動は避けられません。政治活動が不可避であることを前提にすると，組織が行う意思決定は常に最善とはならず，次善最適となります。このこと自体は組織にとって決して最適とはいえませんが，大学のような組織目標があいまいで複数あり，かつ目標間の優先順位が明確でない組織であっても，明快な意思決定を行えるという意味で長所になります。膠着状態を打開するときや，結果が未知の課題に対してまずは行動してみるという状況をつくる際には，政治活動による意思決定が役立ちます。

■ 1-2　政治活動をとおした意思決定

　意思決定のプロセスにおいて，特定の個人や集団が望ましい結果を得るには何らかの力が必要です。この力をパワーと呼びます。一般に，パワーは「個人や集団が

行わないであろうことをさせる力」と定義されます。パワーは特定の個人や集団が保持するものではなく，パワーを発揮する個人・集団と発揮される個人・集団の関係で決まります。二つ以上の個人や集団の間で意見の相違がないときにはパワーは使われませんが，意見の相違が表面化した際に発揮される力です。

　意見の相違に対して，望ましい結果を得るための十分なパワーがないと気づいた個人や集団は，パワーを得るために連携します。連携は非公式なルートでの交渉や妥協を通じて形成されます。そのため，政治活動をとおした意思決定は次のようなプロセスをたどります。

①意思決定にかかわる人や集団が，自分たちの望む結果を得るためにパワーを使おうと考える。
②反対の結果を求める人や集団よりも，自分たちのパワーが小さい場合，類似した結果を求める人や集団と連携する。
③連携は非公式な交渉をとおして行われ，すべての参加者が合意できる結果を模索する。そのため，合理的な結論から離れた結論が採用される。

■ 1-3　パワーのタイプ

　特定の個人や集団がもつパワーは，複数のタイプに分けることができます（表4-1）。一つは相手が望まないことに従わせる直接的なパワーです。職位にもとづいて命令を出せることや，重要な仕事を拒否したり無視したりするなどの阻害を指します。一般に組織の上層やマネジャーがもつパワーです。また，有力者に話を通すコネクションがあるなど稀有な機会の保有や，著名な教職員がいるなどの組織内外の評判も含まれます。

　二つめは，自分たちの望ましい結果を脅かす危険を取り除くパワーです。具体的には重要な議題を隠したり議事次第の最後に入れて議論の時間を少なくしたり，会

表4-1　パワーのタイプ（Bess and Dee（2008：542）を参考に作成）

タイプ1	相手が望まないことに従わせる直接的なパワー
タイプ2	自分たちの望ましい結果を脅かす危険を取り除くパワー
タイプ3	相手の望みを変更させるような新しい考え方や発想を示すパワー

議に出す資料やデータを意図的に選択したりすることを指します。また，重要な資源や機能を独占することでもパワーが得られます。これは，組織の下層の部門でももてるパワーである点が特徴です。

　三つめは相手が望みを変更してもよいと思うような新しい考え方や発想を示すパワーです。たとえば，学内でeラーニングシステムの活用を進めたいものの，多くの教員は関心を示しません。あるとき，学内の会議をペーパーレスにする方針が了承され，具体的な資料の提供方法として，eラーニングシステムをとおした配付が提案された場面を考えます。多くの教員が会議資料の保管に頭を悩ませていたため，この提案は歓迎されます。次第にシステムのインターフェースに慣れた教員が増え，自主的に授業でもeラーニングシステムが活用されるようになります。このパワーは，メンバーが喜んで受け入れるものと，仕方なく受け入れるものの両面があります。多くの場合，パワーを行使する人の専門性や専門知識と密接に関連しています。

■ 1-4　パワーの源泉としての影響力

　表4-1のタイプ1の相手が望まないことに従わせる直接的なパワーの重要な源泉として，個人がもつ影響力があります。影響力はパワーの基本的な源泉で，大きく分けて五つの影響力があります（表4-2）。

　強制力は懲罰を科す可能性によって行動を促すものです。多くの場合，管理的立場の人が保有していますが，主流の学派であることや現在の管理職の相談役など，常に職位と結びついているとはかぎりません。報酬力は，金銭的なインセンティブ以外に昇任や立場の提供が含まれ，強制力と同様の特徴があります。また，相手ができない仕事や困難な仕事を引き受けることで生じる「貸し」も無形の報酬になりえます。正当性は，学内規程など正統なルールにもとづく力で，職位に付与された命令や要求を出す力を指します。専門性は，高い能力や豊富な経験にもとづく信頼

表4-2　**影響力のタイプ**（French and Raven（1959：202-208）を参考に作成）

強制力	規範的・社会的な制裁を含む懲罰を科す可能性によって行動を促す。
報酬力	有形・無形の報酬によって動機づける。
正当性	地位にもとづく権威や権限を行使して行動を促す。
専門性	専門的知見の提供や，専門家であるという信頼によって行動を促す。
準拠性	相手への親密さによって動機づける。

によって相手に行動を促す力です。準拠性は，相手のことが好きだったり尊敬する人であったりすることによって動機づけられる力です。

　強制力，報酬力，正当性は地位との結びつきが強く，専門性，準拠性は地位と関係なく得られる力です。また，正当性は地位にあれば自ずと獲得できますが，それ以外の影響力は発揮するのにさまざまなコストがかかる特徴があります。

　これらのうち，望ましい結果をもたらすのは専門性と準拠性です。報酬力と正当性は不本意でありながらも最終的に承諾が得られやすく，強制力は大きな抵抗を招くことが多くなります。

第2節　組織内でのパワーの行使

■ 2-1　水平的なパワーの獲得

　組織内で行使されるパワーの方向は，異なる職位の上下間で行使されるもの（垂直的パワー）と，異なる部門間で行使されるもの（水平的パワー）の二つに分かれます。組織の下層で獲得され，水平的に行使されるパワーは，組織の環境要因と密接に関連しているため，状況適合理論の一部として理解することができます。

表 4-3　状況適合的なパワーのタイプ（Bess and Dee（2008：551-554）を参考に作成）

希少な資源の保有	・予算や人材など，組織にとって重要な資源を提供できる個人や部門がもつパワー。 ・大規模組織で特に重要なパワー。 ・過度な発揮は強者を強化するタイプの問題を起こす。
不確実性への対応	・環境変化への対応や環境からの圧力に，組織を代表して対応したりほかの部門を支援することで得るパワー。 ・国際，情報，教職，IR（インスティテューショナル・リサーチ）など特定の課題に対応する専門性や経験が力をもたらす場合が多い。 ・成果が不明確な仕事を積極的に引き受けることで高められる。
重要な仕事の フローの支配	・情報通信や予算配分などその仕事が進まないとほかの多くの仕事に支障をきたす仕事の支配。 ・議事の設定や意思決定水準の設定にかかわれることも含む。 ・緊急事態への対応能力がある部門も，一時的にパワーを得る。
代替不可能性	・ほかの部門では代替できない仕事をすること，その部門の仕事がほかの部門に不可欠となることで得るパワー。 ・ほかの個人や部門ではできない特殊な知識やスキルを身につけることで高められる。

　たとえば，ウェブサイトでのシラバス公開の義務化が求められた場面を考えてみます。大学内のある学部だけが以前から独自にシラバスシステムを開発して，すでに公開していた場合，この学部はシラバスの入力の作業フロー，使用するシステムの仕様，運用に関する決定事項などに対して大きなパワーをもつことができます。

　このように，組織が直面する不確実性や組織のニーズに対応できる能力を獲得できると，その個人や集団はパワーを高めることができます。このパワーは，職位による権威とは無関係にパワーを得られる点で重要です。また，環境の変化による資源配分や不確実性の変化によって，パワーバランスが変化することも特徴です。こうしたパワーには，表4-3のような四つのタイプがあります。

■ 2-2　垂直的なパワーに影響する信頼度

　官僚制組織では，マネジャーとメンバーの関係，あるいはトップと部門の関係は，ルールを設定する者とルールに従う者という単純な関係が考えられていました。しかし，政治的な組織では，マネジャーとメンバーの関係は支援者か否かという関係になります。支援者のマネジャーへの態度は，信頼関係によって異なります。メンバーに利益をもたらしてくれる，あるいは少なくとも害ではないと考えるときに信頼度は高まり，管理職への信頼度が高いほど支援者になりやすくなります。

　一般に，支援者の態度は大きく分けると親密，中立，疎外の三つになります。親密な支援者はマネジャーの施策を組織内で率先して取り入れてくれるなど，マネジャーからみると好ましい存在です。しかし，仮にマネジャーが意図せずに誤った施策を取り入れたときには，組織に与える悪影響が深刻になります。そのため，組織全体の有効性を高めるには中立であるほうがよいと考えられています。

■ 2-3　上の階層へのパワーの行使

　全学教育の英語科目委員会に対し，カリキュラムを英文学中心の内容から留学先で求められる4技能を中心にした内容へ変更してほしいという要請を教育担当理事から受けた場面を考えてみましょう。英文学を専門とする教員で構成される委員会は，この要請に戸惑っています。このような階層間での意見の相違は，大学内で頻繁に起こります。

　このとき，下の階層から上の階層へ発揮できるパワーには，大きく三つあります（表4-4）。圧迫は不利益になる提案をすることでマネジャーの行動を変えることです。マネジャーへの信頼度が低い場合によく使われます。取引は，マネジャーの要

表 4-4　上の階層へ発揮されるパワー（Bess and Dee（2008：560-561）を参考に作成）

パワーの タイプ	マネジャー との関係	パワー行使の例
圧　迫	疎　外	不利益を付加してマネジャーの行動を変える（ボイコット，ストライキ，サボタージュなど）。
取　引	中　立	利益を引き出してマネジャーの要請に応じる（学科の閉鎖を免れる代わりに予算の削減を受け入れる，要請を受け入れる代わりにポストをもらう）。
説　得	親　密	新しいアイディアを提案したり，既存の解釈を再解釈する視点を提供することでマネジャーの行動を変える。

表 4-5　下の階層へ発揮されるパワー（Bess and Dee（2008：562）を参考に作成）

パワーの タイプ	マネジャーと の関係	パワー行使の例
分　断	疎　外	集団に対しては，一部の者にメリットを与え，ほかの者にデメリットを与えるなどにより，連携を分断する。個人に対しては，会議のメンバーに入れない，情報の流れを遮断するなどにより連携の機会を小さくする。
懲　罰	中　立	予算やポストを回さないなどの制裁によって，相手の行動を変える。
説　得	親　密	提案の長期的なメリットを説明したり，新しい発想や解釈を与えたりすることで相手の行動を変える。

請に応じる代わりに利益を引き出すものです。説得は，マネジャーの行動を変えるよう交渉をすることです。

　説得は三つの力のなかでは最も弱いパワーであり，マネジャーとの関係を中立や疎外に変えることを検討する必要性が生じます。一方，圧迫は必要以上の軋轢を生んだり，連携の妥協点にしにくくなったりする場合があります。マネジャーとの関係が中立で，取引を求めて連携できることが最適なパワーとなる場合が多いでしょう。

■ 2-4　下の階層へのパワーの行使

　階層の下から上へ発揮されるパワーと同様に，上から下へ発揮できるパワーも，相手との関係に応じて大きく三つに分けられます（表4-5）。分断は下層の組織における特定の個人や集団のみに，メリットや情報を与えることで，個人間・集団間の

連携を阻害する活動です。たとえば，メリットを与える部署とデメリットを与える部署をつくることで，下層の部署間での連携を妨げることです。懲罰は予算やポストを回さないなど，下層の個人や集団への不利益を用いて相手の行動を変えることです。説得は，相手の行動を変えるよう，新しいものの見方や解釈を提供することです。

　通常，マネジャーが下層の個人や集団にパワーを行使することは困難です。組織が消滅の危機に直面しているなどの特殊な状況を除いて，分断や懲罰のようなパワーを行使することはメンバーの信頼を損ない，組織の統合を阻害するでしょう。ただし，マネジャーとしてどのようなパワーが行使できるかを知り，備えておくことは重要です。

第3節　組織統制の理論

■ 3-1　政治的組織の統制

　組織内政治が行われる組織では，どのように組織をコントロールすればよいのでしょうか。マネジャーにとっては，官僚制組織の前提が満たされないことや，組織内の集団がそれぞれの関心や利害に沿って行動することを前提に，組織全体の目標達成とその達成に応じて評価を行う仕組みが必要です。これを組織の統制と呼びます。

　組織統制の方法には，大きく分けると成果の統制と行動の統制の二つがあります。成果の統制は，組織目標の達成が数量的に把握可能であるときに適した方法です。一方，行動の統制はどのようにして成果が出たかに注目するもので，行動指標が構築可能な際に適した方法です。たとえば，看護師の集団を統制する場合，看護を提供した患者数に応じて評価することは適切ではありません。患者への接し方，技術の正確さ，ほかの医療職への接し方，チーム内でのコミュニケーションなどの行動項目に応じて評価するほうが適切でしょう。行動指標と組織の目標の関連性が高いほど，行動の統制が有効に機能します。

　教育・研究活動や大学の目標は数量的に把握が困難なものが多く，成果の統制は適切ではありません。しかし，成果とリンクした行動評価も容易ではありません。この場合は，両者を組み合わせながら最適な方法を模索することになります。代表的な成果と行動の組み合わせ方には，表4-6のような三つの方法があります（Hatch 2013）。

表 4-6　代表的な組織統制の理論（Hatch（2013：237）を参考に作成）

	サイバネティクス理論	エージェンシー理論	規範による統制
統制の目的	望ましい成果と実際の成果を比較してその差を調整すること。	統制対象の集団が目標設定者の望む行動をとるようにすること。	統制対象の集団間で望ましい行動様式の考え方を共有すること。
統制の対象	行動，成果	行動，成果	象　徴
統制のプロセス	①組織の目標を設定する。 ②目標達成を評価する基準を設定する。 ③統制対象の集団の成果を測定する。 ④測定結果を用いて評価を行い，設定した目標に近づくための調整を行う。	①プリンシパルとエージェントの間で契約を交わす。 ②各集団が契約内容を実施しているかに関する情報を収集する。 ③契約内容を満たせているときにかぎり報償を与える。	①各集団に共有すべき規範，価値観，期待するメンバー像を示す。 ②組織内に特定のイデオロギーを浸透させる。

■ 3-2　サイバネティクスによる統制

　サイバネティクスによる統制は，組織全体の目標とその達成水準を設定し，それを把握する成果指標と行動指標を開発することで組織を統制する方法です。この統制が機能するには，成果の達成状況に応じて資源配分を変えられることと，指標に関するフィードバックやコミュニケーションが確立している必要があります。この統制は，個人にも集団にも使える方法です。

　サイバネティクスによる統制の特徴は，望ましい成果の基準を設定しておく点と，その基準に達しない場合にのみ調整を行う点の2点にあります。成果基準に達しない場合の調整には，（1）基準が高すぎたため，組織としてより低い基準に見直す必要性を検討する，（2）対象の個人や集団に基準を満たすための支援策を設ける，（3）対象の個人や集団の廃止や置き換えを行うという三つがあります。

　サイバネティクスによる統制は，目標に関連した指標を個人の行動指標として設計する必要があります。たとえば，研究倫理教育のオンラインテストで80点未満の教員には，科学研究費（科研費）の応募資格を与えないなどの統制です。しかし，教育や研究に関する目標は関連する指標の設定が困難なことが多くあります。たとえば，学生による授業満足度評価，外部資金獲得金額，研究指導をした学生数などは，個人の行動指標として用いることができます。しかし，これらは組織の目標と直接関連したものとはいえません。それにもかかわらず，これらを目標に関する行

動指標として扱うと，メンバーはモチベーションを維持できずに，真の目標を見失ってしまい，単に指標の改善のみに取り組むようになります。

　また，学生による授業満足度評価などがサイバネティクスによる統制として機能するためには，望ましい水準の設定や調整方法の設定が必要です。しかし，これらについて達成基準や調整方法を設定することは難しく，調整によって目標達成の行動を引き出せません。さらに，多くの大学は，指標に関して学内でフィードバックやコミュニケーションの仕組みを確立していません。

■ 3-3　エージェンシーによる統制

　エージェンシーによる統制は，統制対象（エージェント）がマネジャー（プリンシパル）が望むように行動するにはどのような契約をつくればよいかに注目する方法です。エージェントの行動が直接観察できないときに，望ましい成果を得る行動をとらせるために使われます。実際に，改組に取り組んだ学部に追加予算を配分したり，職員に目標管理シートをつくらせて上司と面談したりするなどの形で広く使われています。また，政府による競争的資金の配分にも使われています。

　この統制では，プリンシパル側のモニタリング能力が契約内容を左右します。たとえば，営業職員の報酬を顧客訪問数と新規契約数で決める場合があります。顧客訪問数のほうが顧客志向で満足度の高い契約となる見込みが高い一方，訪問数を多く申告する問題が生じます。新規契約数で決めればエージェントによるモニタリング指標の操作は不可能になりますが，強引な契約や不必要な契約をして顧客満足度を下げる可能性があります。

　大学組織は，目標や成果に関する適切な指標設定が難しく，エージェンシーによる統制を行うにはプリンシパル側に高度なモニタリング能力が求められます。しかし，そうした活動は多くの時間的・金銭的コストを要するため，単純な成果指標や行動を用いた統制に陥りがちです。そのため，学部改組に取り組んだ部局に追加予算を配分する，学外のSDに自ら参加した回数で職員を評価する，IR室を設置した大学に補助金の申請資格を与えるなどの誤った統制が行われます。エージェンシーによる統制は，成果の測定が容易である取り組みに対して活用することでより効果的な統制につながります。

■ 3-4　規範による統制

サイバネティクスやエージェンシーによる統制は，マネジャーの期待に沿う行動

をとることで，統制される側により多くの資源配分をもたらす点が，統制として機能する鍵となっています。しかし，必ずしも多くの資源配分を求めない個人や集団がいるなど，設計したインセンティブメカニズムが失敗する場合，それらの統制は機能しません。この場合は，別の方法を考える必要があります。

その一つが，規範による統制です。組織内で望ましい文化や価値観を定義し，それに沿った行動を賞賛することです。マネジャーは，組織内の部門がすでに有している規範に沿うもので，なおかつ，組織全体の目標と合致した行動がとれるような規範を定義する必要があります。これはクラン・コントロールとも呼ばれます。

この統制を用いるには組織内の社会システムが十分に発達している必要があり，大規模組織になるほど難しくなります。しかし，大学教員のような専門職は特定の規範を共有しているため，適切に設計すれば高いコミットメントを引き出せる統制方法です。たとえば，「大学教員であれば科研費に応募することは当然だ」という規範は，専門分野や世代による違いはあるもののどのような組織でも教員間で容易に共有されます。しかし，「大学職員であれば学外の専門職団体や学会で活動すべきだ」という規範は，小規模組織でメンバー間のコミュニケーションが頻繁であれば共有できるかもしれませんが，一般には共有が難しい規範です。

一方，組織内の部門が有していない規範による統制は，イデオロギーによる統制と呼ばれます。たとえば，PDCA という考え方は現在，多くの大学の職場で共有されています。本来は数日から数週間単位での試行錯誤を指す活動を指し，大学組織のような長期の活動が中心の組織には相容れない考え方でした。仕事の実態に合わないにもかかわらず共有されている背景には，外部の専門家によって新たな規範として導入された経緯があります。イデオロギーによる統制は，メンバーを小さい抵抗で強く統制できる場合があります。そのため，マネジャーは外部の専門家や外圧を利用して，組織に新しい規範を持ち込む誘因をもっています。

第4節　政治家としてのマネジャー

■ 4-1　政治的な組織になりやすい大学組織

大学組織は，官僚制の側面と政治的な側面を併せ持った組織です。ある大学がより官僚的な組織になるか，より政治的な組織になるかは，その組織がもつ特徴によって変わります。表4-7 はどのような組織の特徴が政治的な組織になりやすいかを，官僚制組織と対比してまとめたものです。

表4-7 官僚制組織と政治的組織のメンバーの考え方（Daft（2009：496-497）を参考に作成）

組織内の側面	官僚制組織	政治的組織
組織の目標	メンバーの間で一貫性がある。	目標は多義的である。
組織のメンバーへの期待	組織全体の目標到達を優先すること。	部門内の仕事を最適化すること。
メンバーの組織への期待	組織の価値観や働き方に憧れをもって応募してくる。	自らの専門性を発揮できる場の提供を求めて応募してくる。
メンバーの特徴	同質的な人材で構成されている。	多様な人材で構成されている。
意思決定時の議論の中心	全体の目標に対していかに最適・合理的であるかについて議論する。	さまざまな意見を調整するために議論する。
意思決定時の情報提供	広範囲にわたる体系的な情報が提供される。	情報があいまいであったり選択された情報が提供される。

　これによると，大学は組織の目標が多義的であること，教員組織全体は多様な背景をもった人で構成されていることから，政治的組織になりやすいといえます。一方，筆記試験のような特定の評価基準を重視して職員を採用している組織では，職員組織のみが官僚制組織になりやすい可能性があります。

4-2　政治的組織における意思決定

　意思決定における限定合理性や目標の多義性をふまえると，大学組織においてマネジャーが組織を統合する際に求められる能力の一つに，問題設定を行う能力があります。これはコンセプチュアルスキルとも呼ばれ，問題に新しい意義を付与したり，新しい価値観のもとで問題を再設定することを指します。多くの場合，ビジョンや価値観との関連性を強調する，新しいデータや根拠資料を用いる，長期的な視点を提供するという方法で行われます。

　そのため，管理職には組織目標や理念に立ち返る，新しい情報やデータを収集する，異なる意見の人と会う行動が有効です。

4-3　交渉を行う能力

　組織内で連携したりパワーを使ううえで，管理職は交渉をする必要性に直面します。交渉は相手を打ち負かすことではなく，双方にとって利益になる妥結点を探る議論です。管理職は相手にメリットを示しながら交渉する能力が求められます。一

般に，交渉では次の点に配慮して進めることになります。

・お互いが異なる関心をもって交渉することに留意する。自分が重要と思う
　点は，相手からみれば重要でないことを知っておく。
・交渉内容に関連した専門性や情報は，より望ましい結論を得ることに役立つ。
・制裁や懲罰に触れる場合は，正統なルールに沿って婉曲的に示す必要がある。
　制裁や懲罰を表面に出した瞬間に，交渉は破綻する。
・自分が褒賞や制裁として機能すると思うことが，相手からみると機能しない
　ことを知っておく。

　また，交渉のなかで最も重要なのは誠実さを保ち，反倫理的な言動をしないこと
です。これはごく当然のことですが，相手が誠意のなさを認識すると効果的な交渉
はほとんどできなくなります。

◆ケーススタディ❸：大規模私立大学における国際化推進事業

　A大学は，都市部にある大規模私立大学で，13学部に約2万人の学生が学ぶ大学である。A大学の学長は過去40年間に8名いたが，文学部から1名選出された以外は，工学部と法学部から交互に輩出されてきた歴史をもつ。現在の学長は工学部の出身である。A大学では，90年以降他大学に先駆けて国際化に注目し，さまざまな取り組みを進めてきた。国内ではグローバル化推進のモデル大学と認識されている。

　法学系出身の前代学長であるB氏は，アジア重視の取り組みを展開し，アジアといえばA大学といわれるほどの評判を打ち立てた。たとえば，法学部は10年以上前からアジア諸国の法整備支援に取り組んできたが，これまで3か国にあった支援拠点が，前代学長の在任中に7か国に拡大された。また，アジア諸国の中枢人材を時代学の博士課程に受け入れて学位取得を促し，修了後に帰国してもらう国家中枢人材養成プログラムを全学的に展開し，これまでに法学，社会科学，工学，農学，医学，保健学の分野で政府高官候補者などを受け入れてきた。

　こうした実績を背景に，A大学では3年前に，各研究科の博士課程の窓口を一本化し，国家中枢人材の受け入れ先として独立したアジア共創研究センターを設置した。これは，いわばバーチャルな組織であり，各国から来た大学院生の所属先はアジア共創研究センターであるものの，実際の研究活動はこれまでどおりに各研究科で行うものである。国家中枢人材養成プログラムの研究指導担当教員には，アジア共創研究センターの兼任教員としてセンターにも所属してもらうことで，入試や研究室配属などの調整を研究科横断的に行えるようになった。そのため，プログラムの参加を考えている各国の人材にとっても，満足度の高いものとなっている。

　アジア共創研究センターの設置は，前学長の強い意向によって設置されたもので，センターには各研究科からの兼任教員以外に，センター所属の特任教員が3名置かれている。この3名のポストは，学長裁量経費と呼ばれる予算から支出されている。その採用は，学部の教員が関与することはなく，執行部だけで公募から採用までの手続きを行なっていた。また，センターの運営などは役員会で審議され，研究科からの兼任教員はセンターの運営にほとんどかかわっていなかった。

　センター長は，財務担当副学長のD氏が担当していた。本来であれば国際担当副学長のE氏がセンター長を務めるべきであるが，工学部出身のE氏は国際化では欧米との連携が重要という立場であり，B氏とは国際化の方針をめぐっては必ずしも一致していなかった。しかし，アジアの重要性も認識しており，

センターの運営には否定的ではなくむしろ積極的にかかわっていた。こうした事情もあり，Ｂ氏は法学部出身のＤ氏にセンター長を打診し，プログラムに古くからかかわってきたＤ氏はセンターの運営に献身的に貢献していた。

そうしたなかでＢ氏の任期満了に伴い，新たに学長が選出され，工学部出身のＣ氏が就任した。センターの関係者の関心はＣ氏がどのようにこのセンターを維持するかにあったが，Ｃ氏は所信表明のなかでアジア重視の取り組みを継承し，発展させたいと述べ，関係者はひとまず安心した。しかし，執行部の顔ぶれが変わったことで，運営に以前と異なる部分が出始めた。

Ｄ氏は年齢を理由に退職したが，Ｅ氏はＣ氏のもとでも再度国際担当副学長として執行部に残ることとなり，センター長も兼務することになった。これとは別に，執行部には法学部出身のＦ氏が情報担当副学長として新たに加わることとなった。Ｆ氏は以前から国家中枢人材養成プログラムにかかわっていたこともあり，センターの運営にも関与することとなったが，その優先度は高くなく，Ｅ氏のリーダーシップのもとでセンターが運営されることになった。

これまで役員会では，センターの運営についてそれほど多くの時間が費やされたことはなく，ほとんどが満場一致で意思決定されていたが，Ｅ氏がセンター長となってから，Ｅ氏とＦ氏の間で意見の相違が目立つようになり，議論に時間を要するようになった。たとえば，特任教員の任期更新はセンター内の人事委員会でまとめた書類をもとに承認するだけのルーチン的な手続きであったが，３名全員が文系出身の教員であり，Ｅ氏はそのうち１名の業績について不十分でないかという意見を出し，理系出身の教員を採用すべきではないかと指摘した。最終的には全員の任期を更新したものの，センターにかかわる研究指導担当の教員の間では，プログラムの将来にわたる継続に不安があるという声も出始めた。

そうしたなかで，あるときＣ学長はＥ氏に対し，「アジアはもう十分に成果を上げている。ほかの取り組みで新しい成果をつくりたいが，どうすればよいか」と尋ねた。Ｅ氏は以前からの持論であった，欧米との連携強化とそれによるＡ大学の研究力強化について持論を述べた。Ａ大学は国内では研究大学としての高い評判を有しているが，国立の研究大学を凌ぐ評判を得たいと考えていた。Ｃ氏はＥ氏に新たな国際連携策のとりまとめを依頼し，Ｅ氏は研究支援課に依頼して国際共同研究に取り組んでいる教員の情報をとりまとめるよう指示した。

こうした動きを知った工学部長のＧ氏は，私立大学を対象とした研究支援の補助金申請についてＥ氏と意見交換をした。Ｇ氏は機械工学が専門であり，近年大学院への進学者が急激に減少していることに危機感を感じていた。そこで，国外から優秀な大学院生を獲得する方策を考えているところに，Ｅ氏の意向を

知ることとなった。検討している補助金申請では，申請の要件として国際化の取り組みを示す必要がある。G 氏は，国際学会の役員を務めた経験もあり，国外大学との連携のもとで研究を発展させることを構想し，E 氏に相談をもちかけた。

　E 氏は G 氏の提案を魅力的と感じながらも，A 大学の研究の強みは生命科学系の研究であることも気になっていた。この研究グループは国際的な評判も高く，欧米の有力大学との連携も進んでおり，新たな国際化推進の重要なシーズである。大学としては生命科学系を軸にして国際連携を進めるべきではないかと，研究支援課の職員からも聞いている。

●論　　点

❶このケースにおいて，アジア共創研究センターの専任教員・兼任教員が行使すべき上方影響力はありますか。あるとすれば，どのようなものを行使すべきですか。

❷E 氏が発揮している影響力はどのようなものであると考えますか。また，この影響力は，E 氏とアジア共創研究センターの教員，および，E 氏と G 氏の間で，どのような結果につながると考えますか。

❸A 大学において多くのメンバーに国際化の推進へ関与してもらうには，トップによるどのような働きかけが必要と考えますか。

05 組織を文化の面から理解する

第1節　組織がもつ文化を理解する

▨ 1-1　組織文化の定義

　多くの人が「あの学部には固有の文化がある」や「あの大学の文化は特殊だ」などの話を聞いたことがあるでしょう。このときの文化は，何を指しているでしょうか。組織文化をどのように定義するかは多くの考え方がありますが，どの定義にも共通する点は，集団内で共有されている意味，信念，仮定，理解，規範，価値観，知識を組み合わせたものだということです（Hatch 2013）。ここでは，単純化してメンバー間で共有されている考え方やものの見方と理解しておくとよいでしょう。

　このように組織文化は抽象的な概念ですが，組織文化がメンバーや集団に及ぼす力は極めて強く，文化を理解できなければ組織の動きを深く理解できません。たとえば，学長が教育改革のための優れたアイディアを出しやすくするために，評議員会の冒頭10分を毎回ブレインストーミングの時間とする提案を出した場面を考えてみます。学長は，会議を重要なコミュニケーションの場と考えていますが，会議の参加者はその場を空虚な儀礼の場と理解しています。そのため，雑談は活発に行うものの，本当に重要な意見は言いません。というのも，重要な意見を言えばその推進役を担わされることをメンバーは知っているためです。組織文化の理解は，このような場面を理解する際に役立ちます。

▨ 1-2　学習で獲得される文化

　組織文化は，学習によって獲得されます。これは，新人が組織に入ってきた場面を考えるとわかりやすいでしょう。たとえば，新人職員に対する指導として議事録作成，文書処理，稟議起案などの手続きを重視することを強調して指導をしたとします。組織文化は，過去に効果的に機能した経験のパターンです。新人職員は仕

事の経験をとおして，メンバーとして成功するには内容よりも手続きの正確さを重視したほうがよいということを学びます。こうした文化のもとでは，大学職員には企画力や専門性が重要だと主張しても，多くの職員はそうした主張を信頼しません。それがメンバーとしての成功に結びつくと考えられないためです。

　このように，文化はメンバーによって学習されるものであるため，文化を理解するには学習プロセスを理解することが重要です。文化を獲得する手段には，大きく五つのものがあります（Schein 1990）。

- ・マネジャーが関心を寄せる対象やメンバーの評価に関する観察
- ・マネジャーの危機に対する対応に関する観察
- ・ロールモデルの観察やコーチングによる指導
- ・地位や褒賞を与える基準
- ・採用・選抜・昇任基準

　五つの学習手段は，いずれもマネジャーのもつ考え方や価値観を反映したメンバーの行動に関するものです。たとえば，マネジャーの提案に対して批判的な意見を述べた教職員が，さまざまな形で制裁を受ければ，メンバーの間ではマネジャーを批判してはいけないという学習が起こります。また，前例のない仕事に対して他大学を模倣したり，コンサルタントの提案を聞いたりする上司を観察すると，メンバーは危機に対する望ましい対応について学習していきます。

　いったん獲得した組織文化がある状況でも，学習によって新たな文化を獲得する可能性があります。ただし，五つの学習手段は，(1) 組織構造，(2) 組織内のシステムや手続き，(3) 物理的な環境やスペース，(4) 組織内で共有されている逸話や伝説，(5) 組織の理念や哲学の五つの要素と密接に連動しています。そのため，学習手段に介入するだけでは新たな組織文化の獲得は困難であり，組織文化を変えたいと考えるマネジャーは，五つの要素を変えることから始める必要があります。

■ 1-3　組織内にあるさまざまな文化

　一つの組織のなかには，複数の文化が共存しています。たとえば，職員組織と教員組織では異なる文化をもっている場合があります。また，同じ教員組織でも工学部と文学部では異なる文化をもっている場合があります。このような，組織内における共通性や親密性をもつ集団が有する文化を下位文化と呼びます。現代の大学組

織は専門化と分断化が進み、多くの下位文化が生まれやすい環境にあります。

　共通性には、職務（同じ部署や同じ職位であること）、専門性、性別、出身地や国籍などがあります。一般に、下位文化はメンバーが頻繁に交流するほど発展します。そのため、組織内で特定の設備や場所を共有することは、下位文化の発展を促進します。大学組織は学部や部署などの構造を伴う組織であり、複数の下位文化がある組織といえます。

　強固な下位文化の存在は組織統合を困難にする場合があり、大学組織は特にその傾向が強くなります。その理由は、組織の外部で学習された文化が組織に持ち込まれるためです。大学教員は専門職として養成される過程で、その分野で成功するために必要なものの見方や考え方を身につけます。たとえば、ある分野では外部資金の獲得と研究成果が密接に関連している一方、別の分野では必ずしも関連していないとします。このとき、トップから大学として外部資金を獲得しましょうというメッセージが出されても、後者の分野の教員はそのメッセージを重視しません。外部資金獲得のメッセージは、後者の分野の教員として成功することを保証しないためです。

　このような状況でトップが指示を強要すると、下位文化の激しい抵抗にあったり、部門の活動を著しく停滞させたりする場合があります。下位文化と合致しない行動の強要は、その分野の研究者や専門家であることを否定される意味をもつためです。たとえば、大学入学の権利を売る方法として、政府から新しいルールが強要されたとします。それは、高い授業料を払った人から順に入学できるオークション方式のみで入学者を決めなければならないというルールです。多くの大学人はこの考え方に否定的だと予想されますが、大学の財政問題を解消する方法として政府や産業界から強要されると、多くの大学人は落胆するでしょう。下位文化に対する特定の考え方の強要は、これと同様のインパクトをもっています。

第2節　外部から組織文化をとらえる

■ 2-1　三つの文化レベル

　組織文化には、集団に属していなければわからない部分、集団に属していてもわかりにくい部分があります。このような抽象的な概念を理解するうえで有用な考え方に、外部者からの見えやすさで分類した三つの文化レベルがあります（シャイン2012）。すなわち、人工物、価値観、前提認識という三つのレベルであり、表5-1は

表 5-1　三つの文化レベル（シャイン（2012：27-28）を参考に作成）

観察しやすい	人工物	・観察可能な構造，行動，物体や認知可能な言語など。 ・見る人によって多様な解釈が可能。
↕	価値観	・集団に意味や安心を与える信条や考え方。新しい課題に対して，どうあるべきかや何が正しいかの基準を与える。 ・議論の対象として開かれ，賛成も反対も可能。
観察しにくい	前提認識	・意識されずに抱かれている考え方やものの見方。 ・妥協の余地がないものであり，前提認識を共有しない人は，集団から追放の対象になる。

これらの特徴をまとめたものです。

これら三つのレベルは相互に関連しています。人工物は観察が容易ですが，外部者はその意味を容易に理解できません。前提認識はメンバーの行動を無意識に方向づけていますが，外部者からは観察できません。集団が新しい課題に直面すると，価値観を認識しやすくなります。課題にうまく対応できる価値観が共有され，それが浸透すると長期的な前提認識になります。

自分が所属しない下位組織の文化を理解するには，人工物を手がかりにして内部の人の前提認識を言語化する対話や，新しい課題に対応する場面における判断基準や優先事項を言語化する質問が有効です。前提認識を理解できたという感覚が得られると，メンバーの行動や思考をより深いレベルで理解できるようになります。

■ 2-2　表層に現れる文化としての人工物

人工物には，メンバーが使う言葉，定められた憲章，使用する情報技術などが含まれます。外部者でも観察が容易である反面，外部者では解釈が困難な文化です。たとえば，広く開かれたスペースを多くの教員で共有している教員研究室があったとします。このスペースを，高校の職員室のようで大学教員としての尊厳が重視されていないと解釈すべきか，教員間のコミュニケーションが緊密でさまざまな課題が迅速に改善されていると解釈すべきかは，外部者には困難です。しかし，その組織に長期間所属していると，この人工物の表す文化の意味がわかるようになります。

人工物には，表 5-2 のようなものがあります。たとえば，ファカルティディベロップメント（FD）という言葉は，大学関係者の間で共通に使われています。FD はどの大学でも容易に認知できますが，その大学内や学部内での FD の意味を外部者が解釈するのは容易ではありません。ある学部のメンバーは，自分たちの教育の質

表 5-2　人工物の例 (Hatch (2013：171) を参考に作成)

対　象	・ロゴ，デザイン ・建物，内装，什器 ・服装，制服 ・設備，装置，道具，生産物 ・ポスター，掲示物，写真，記念品 ・看板，標識，サイン
言　語	・専門用語，業界用語，略語 ・説明に使われる論理 ・英雄や悪者に関する逸話 ・うわさ話，迷信 ・ジョーク ・スローガン，キャッチフレーズ，モットー ・スピーチ，好まれる話し方
活　動	・式典，儀式 ・会議 ・コミュニケーションの特徴 ・長年の習慣，ルーチンの特徴 ・褒賞，懲罰

向上に不可欠な重要な取り組みとして解釈している一方で，別の学部では，自分たちの研究を阻害する有害な考え方と解釈しているかもしれません。これは集団の内部に所属していないとわからないものです。さらに，別の大学ではこの取り組みをプロフェッショナルディベロップメント（PD）やエデュケーショナルディベロップメント（ED）と呼ぶかもしれません。これらの情報は，報告書などで外部から容易に認知できますが，やはり集団内での解釈を知ることは外部者には容易ではありません。

■ 2-3　行動の指針となる価値観
　価値観は人工物のように容易に認知できないものの，集団内のメンバーの行動や，集団がどうあるべきかに関する指針を与えます。たとえば，インターンシップやサービスラーニングなどの現代的なニーズのある教育機会をカリキュラムのなかに取り入れてほしいという提案が，ある学部に対して大学のトップから示されたとします。学部のメンバーがこの提案をどう評価するかは，学部で共有された価値観が反映されます。「自分たちは研究志向の学部であり，学部の教育目標は深い専門的知識に裏づけられた論理的・批判的思考ができるようになることだ。学生が抽象的な

概念を高度なレベルで応用できるようになるには，インターンシップよりもゼミ教育の充実がより重要だ」と考えるかもしれません。この場合，トップの提案は学部で取り入れられることはありません。価値観は，集団がどうあるべきかの考え方であり，実際に現在どうあるかはあまり関係ありません。仮に，この学部の教育の評判が悪かったとしても，トップの提案は取り入れられません。

　集団の価値観は，その組織や部門を創立したときのリーダーの価値観が反映されています。また，新しい価値観で行動した結果，メンバーがその考え方が正しいと判断したときに価値観が更新されます。新しい課題に直面し，従来の価値観ではうまくいかないときは，誰かが新しい考え方を示す必要があります。その考えに沿って行動がとられ，考え方に関する評価が得られると，考え方の提案者はリーダーとして認識されます。

■ 2-4　文化の中心を構成する前提認識

　前提認識は，集団のメンバー全員にとって当たり前となっている，ものの見方や考え方です。全員に共有された価値観が，長期にわたって成果を出すことで前提認識になる場合があります。前提認識を疑うことは大きな不安をもたらすため，集団を取り巻く環境について前提認識に合うよう都合よく曲解させる作用があります。また，ほかの集団から前提認識を疑われると，大きな防御反応を示します。そのため，前提認識は更新することが極めて難しいものの見方や考え方です。

　たとえば，多くの大学教員は自分たちを研究者と考えています。それは，優れた大学教員として評価されるのは優れた研究者であることを過去の経験から知っているためです。また，大学院生にはこの前提認識の獲得が求められます。このとき，大学から研究はしなくてよいから教育に力を入れてくださいと言われると，実際に優れた研究をしているか否かにかかわらず，教員は大きな不安に直面します。そして，そのメッセージを否定したり曲解することで，教育に力を入れることをしません。

　同じ研究でも，集団によってそのアプローチに関する前提認識は異なります。たとえばある医学部の教員は毎日大学へ来ない者は研究していないと考えます。一方，ある文学部の教員は毎日大学へ来ると研究ができないと考えます。このとき一方の集団が他方の姿を批判すると，大きな論争が起こります。

　前提認識は組織文化の中心で，組織文化を理解することはその集団の前提認識と，それが獲得された学習プロセスを理解することです。これは，その集団のメンバー

が当たり前と考えているため，通常は表面化することがありません。組織のトップが組織の変革に取り組む際には，下位集団の文化を理解し，その不安を小さくする努力をしなければ，変革が成功する見込みはかなり小さくなるといえます。

第3節　価値によらない組織文化

■ 3-1　組織アイデンティティ

たまたま乗った特急列車の隣の席の人から，座席の周辺で財布を失くしたので一緒に探してほしいと言われた場面を考えてみます。探しているうちに，この人は同じ職場の他部署で働く人であることがわかったとき，多くの人が何とかして財布を見つけてあげたいと思うのではないでしょうか。

このように，人は所属が同じというだけで，集団意識をもつ場合があります。このような成員性の認知を，組織アイデンティティと呼びます。組織アイデンティティは，価値観や前提認識の共有がなくとも人びとの間で形成される組織文化です。同じ集団に属しているという成員性を認知するだけで，動機づけが高まったり，安全性や連帯性が形成されたり，全体的な利害に沿った行動が促進されます。一般に，組織アイデンティティには次のような機能があります（佐藤・山田 2004）。

・共有価値の形成・維持・変革
・組織の魅力の増大
・成員の自己評価の向上
・動機づけ・参加意欲・忠誠心の増進
・安全性・連帯性・全体性にかかわる感覚の形成
・成員の互換性感覚の形成
・含意・信頼・協力の強化
・全体的利害に則った行動の賞揚
・他組織との競争意識の増進

すなわち，組織アイデンティティは，メンバー間の協力意識を高め，組織の成果を高める可能性があります。

表 5-3　組織アイデンティティの成立要件

(佐藤・山田（2004：103-105）を参考に作成)

必須要件	・組織の独自性
	・対比組織の顕在性
	・組織内の同質性と組織間の異質性
補強要件	・組織が個人の自己評価を高める度合い
	・組織の威信
	・組織の魅力
	・価値や活動の特異性
	・組織内競争の稀薄さ
	・組織と個人の接触度
	・組織の特性と個人の特性の親近性

■ 3-2　組織アイデンティティの成立要件

同じ職場の人と出会っても，反感や苦痛を感じる場合もあるでしょう。組織アイデンティティは，無条件に形成されるものではなく，成立の前提条件があります。表5-3は，その前提条件をまとめたものです。

大学組織は，組織アイデンティティが成立しやすい組織です。大学は社会から教育・研究・社会貢献が期待される組織であり，ほかの産業セクターと異なる独自性があります。また，大学セクター内でも教育重点大学や研究重点大学などの独自性をもち，そのなかでも地域の専門職養成やグローバルに活躍する社会人育成などの独自性と他組織との異質性があります。学長の権限強化に反対するなど，個別の事象において反対があっても，組織アイデンティティは成立します。それらの特徴は大学セクターとしての独自性であり，成員性の認知の基盤となっているためです。

また，大学には社会的な威信があり，中心的な活動に価値と特異性があるため，ほかの組織よりもいっそう組織アイデンティティが成立しやすい特徴も備えています。なかでも，大学教員は強い組織アイデンティティをもつ傾向があります。

■ 3-3　組織内のアイデンティティの対立

組織アイデンティティは，学内の部署，係，学部，学科，研究室など，組織の下位レベルでも成立します。大学組織は，下位レベルの組織にもアイデンティティが成立する要件があてはまるためです。このことは，下位レベルの組織アイデンティティが強すぎるために，組織全体でのアイデンティティ形成が阻害される場合があることを示唆します。組織のトップには，全学的なアイデンティティが守られるよ

うにしながら，下位レベルのアイデンティティをときどき顕在化させることで，適度に維持するバランス感覚が求められます。

　下位レベルのアイデンティティは，適度な競争関係をつくれるなら，組織の活性化に有効に作用します（佐藤・山田 2004）。しかし，大学組織はそうした競争関係をつくることが難しい組織です。たとえば，論文数に応じて学部に配分する予算を増減させることは，文系と理系で同等の評価をすることが難しく，意味を見出しにくい競争です。そのため，下位レベルでアイデンティティが成立するにもかかわらず，それを活かして高い成果に結びつけることが難しいという特徴があります。

■ 3-4　組織間の競争とアイデンティティ

　大学間でも適度な競争関係がつくれるのであれば，組織の成果向上に有効に作用します。しかし，大学組織を取り巻く環境は，必ずしも競争的とはいえません。特色ある大学づくりや個性のある大学づくりが求められる一方で，法令の改正や予算配分を通じた政策推進など，さまざまな規制に従うことが求められ，大学が独自性を発揮する余地はほとんどありません。そのため，各大学が独自性を打ち出すための戦略は，中期経営計画の文書のなかに現れるのみで，多くのメンバーはそれを実質的な独自性と認知していません。

　大学は強い組織アイデンティティが成立しやすいにもかかわらず，国の政策はそれを活かした特色づくりと成果向上を阻害しているといえます。このような環境では，強い組織アイデンティティが失われないよう，維持する取り組みがトップに求められます。

第4節　文化を変える

■ 4-1　組織統合につながる組織文化

　トップの立場からは，特定の組織文化が組織内の問題解決に役立つかという点に関心があるでしょう。トップの提案が計画どおりに進まなかったり予想外の抵抗にあったりした際は，特にこの点に関心が集まります。多くの大学が同じようなミッションを掲げているにもかかわらず，その成果は大学によって違います。また，同じようなリーダーシップスタイルのトップでも，その成果は大学によって異なります。これらの背後には，組織内部の価値観や下位組織の文化が大きく影響しているためです（Tierney 1988）。

大学組織の特徴は，組織の外でつくられた文化が組織内に持ち込まれる点です。そのため大学組織全体の組織文化は，下位組織が社会的なつながりを深くもっているほど，凝集性の高いものになります。そのため，どのような全学的組織文化をつくれば学内の社会的なつながりを維持・発展できるかを考えることが，トップの役割になります。

▓ 4-2　新しい人から変える

　組織文化は学習を通じて獲得されるため，最も変えやすい方法は組織に新しく入る人の学習プロセスを変えることです。すなわち，トップにとって望ましい考え方，目標，仕事の進め方を身につけるような採用・選抜・昇任基準をつくり，地位や褒賞を与える基準を示します。また，そうした新入職員が同じ価値観を共有できるよう新人同士を社会化します。この方法をとおして新人が仕事で成功体験を重ねると，組織文化が変わり始めます。これをクラン・コントロール（トップにとって望ましい文化をもつ教職員の育成）と呼びます（Hatch 2013）。注意すべき点は，新しい価値観のもとで仕事をしても，成功の実感が得られなければその価値観は保持されません。

　現代の大学が，部門の教職員を減らして本部組織に多くの教職員を置く傾向があり，これはクラン・コントロールに結びつく可能性があります（藤村 2016）。特に，任期のある教員が望ましい価値観の獲得によって任期を更新したり任期を外せる可能性がある場合は，クラン・コントロールによる組織文化変革を促進することができます。

▓ 4-3　既存の文化を変える

　これまでみてきたように，組織文化は長い時間をかけて確立された価値観が前提認識となるまで学習されたものであり，基本的に文化を変えることは困難です。前提認識を疑うことは自分たちの存在意義を疑うことであり，大きな苦痛と不安を伴います。それでも，組織の存続に必要である場合，トップは組織文化を変える決断をするかもしれません。

　新人の文化を変えることと同様，既存の組織文化の変革も学習プロセスに注目することになります。具体的には，表5-4 のような段階を経て進めます（シャイン2012）。

　はじめの段階は，現状を否定することです。あらゆる資料やデータを用いて，現状が問題であることを示す必要があります。これができなければ，生き残るための

表 5-4　**組織文化の変革段階**（シャイン（2012：350）を参考に作成）

1. 変革へ動機づける	・不当性の証明 ・生き残りのための不安感や罪悪感の創成 ・学習への不安を克服するための安心感の創成
2. 新しい基準の学習	・ロールモデルの模倣と同一化 ・試行錯誤による学習
3. 新しい考え方の内面化	・自己イメージの統合

不安感や組織に貢献できていないという罪悪感は生まれません。

　さらに重要なことは，不安感をもつと同時に安心感ももってもらう必要性です。多くのトップは問題を指摘するところまでしかしません。しかし，前提認識を変える学習に進むには心理的な安心感が必要です。そのためトップは，次のようなことに取り組む必要があります。

・新しい役割を行動レベルで提示する。
・新しい行動に必要な知識やスキルを学ぶためのトレーニングを提供する。
・トレーニングの進め方はすべて任せるが，メンバー間でトレーニングの状況を情報交換できる機会を用意する。
・新しい仕事を実験的に進められる機会を多数設ける。多くの失敗を経験してもらう。
・新しい仕事をうまく進めているロールモデルを紹介する。

　これらを通じて新しい仕事での成功体験が蓄積されると，新しい文化のもとで自己イメージを統合することができ，組織文化が更新されます。

■ 4-4　文化に使われる個人の克服

　ここでみてきた組織文化の変革は，受動的なメンバーを暗黙の前提としています。すなわち，組織が望ましいと考える価値を個人が内面化することを推奨する考え方です。たしかに，組織文化をみてから就職先を決める個人はほとんどいないにもかかわらず，メンバーは後から組織文化に染まるという意味で過疎性に富む存在です（佐藤・山田 2004）。

　しかし，メンバーは一度文化を獲得すると，発言や行動が文化の範囲内に制限さ

れる傾向があります。ある文化が得意とする習慣・技術・スタイルや，ある文化を
もつ人にとって納得感を得たり現実的に思えたりするような選択肢を「行為のレパ
ートリー」と呼びます。たとえば，実験系の自然科学者は，全学的な教育改革につ
いて「基礎科目はすべて e ラーニングで個人学習を中心にすればよい」「学生は専門
科目を早く学びたいようなので教養科目の必須単位数を削減してはどうか」などの
意見を述べることがあります。他分野のものの見方を知らないわけではないものの，
それらは自分にとって納得のいく解決策や現実的な選択肢であると感じられません。
これは，その分野で自分は成功していると認知している人ほど，強く表れる傾向で
す。

　このことは次の二つのことを示唆します。一つは，組織文化を変革しようとする
働きかけは，メンバーのもつ行為のレパートリーのなかで意味づけられにくく，メン
バーに深刻な混乱をもたらす場合があります。もう一つは，文化を変えようとする
のではなく，メンバーが考える行為のレパートリーについて，なぜ自分はそれらの選
択肢を現実的だと思ったり納得できたりするのかについて考えてもらうよう働きか
けることです。文化を変えるよりも，自分のもつ無意識の文化に気づいてもらうほ
うが，メンバーは自分の行為の前提や制約を理解できるようになり，新しい仕事の意
味を冷静に検討できるようになります。マネジャーは，単にメンバーを特定の文化
に染めるのではなく，メンバーが文化を使いこなせるよう働きかけていくことを重
視すべきです。

◆ケーススタディ4：新任教員からみた大学の組織文化

　Z氏はある地方の小規模文系私立大学の教職課程科目担当教員であったが，配偶者の転勤に伴い，新たな職を探すこととなった。Z氏の専門は情報教育で，教職課程の担当に加えて，大学教育におけるICT活用の研究や開発にも取り組んでいる。そうした業績が評価され，幸いにも，前職と似たような地方都市の小規模私立大学であるY大学に職を得ることができた。Y大学では，教育学の教授に加え，学内に設置された情報教育推進センターの副センター長を兼務することとなった。そこでの本務は，ICT活用授業やオンライン授業に取り組む教員のサポートを行うことであり，Y大学の教員と連携して仕事に取り組めることに高い満足感を得ていた。着任から半年を経たセンター長との面談でも，仕事ぶりには高い評価を得られ，賛辞が中心のコメントを得ることができた。ただ，Z氏には学内で目にした出来事のなかで，どう理解すればよいか戸惑う場面がいくつかあった。

　あるとき，センター長と個人的に意見交換する機会があり，次のような話が交わされた。

　Z：この大学では，同じ言葉をまったく異なる意味で使うことがよくありますよね。たとえば，教員の多くは教育のオープンアクセスとか，学習者中心の大学というミッションを語るけど，いまひとつお互いに通じていないですよね。教育のオープンアクセスを地域経済発展の促進策と位置づける人がいます。社会人にも教育を提供して，質の高い労働力として育成するという。まあ，執行部から聞くことが多いですね。そうかと思うと，オープンアクセスは社会的公正のために取り組むべきという人もいる。大学は，教育を受けられない人と社会とをつなぐ架け橋になろうと。単に二つの立場が対立しているのかと思ったら，また別の意見もある。本当に混沌としていますよ。教員のオフィスも全然違いますよね。キャリア教育を担当している教員のところには，学生からの写真や手紙がたくさんあって，先生方がいかにいい教育をしてきたかが綴られています。教員と面談するために，いつも廊下に列ができていますし。あのフロアはいつも賑やかです。ところが，リメディアル教育を担当する教員のところは，とても静かです。学生が待機する部屋が別に用意されているからだと思いますが。まるで，病院の診察室みたいで。
　センター長：大学は複雑な職場だからね。教員が一つにまとまることはないですよ。それに，Z先生は農場実習担当の先生方を見たことがないでしょう。教員はいつも演習林にいますからね。あとは，お気づきのように，教員と執行部は真摯に向き合うことも少ないですね。お互い顔をあわせると，まるで外交官の外交交渉みたいな雰囲気になりますよ。

Z：なるほど，私が教育の ICT 活用について話したときに，ある教員が怒って私を遠巻きにしたのは，ICT 活用教育を執行部が推進しているからなんですね。あのときも，「誰がそれを進めているの？」とか「それをやると何かいいことついてくるの？」とか，あげくには「それやらなかったら，何かペナルティあるの？」なんて聞かれましたよ。でも，学生の話になると，まるで別人のように，みんなよく話すようになるし，新しい取り組みにも前向きなんですよね。

センター長：この大学は，Z 先生の前の大学とはずいぶん違うでしょう。

Z：そうですね。前の大学も問題ばかりで，楽な仕事ではなかったのですが……。Y 大学とは規模も学部構成も似ていますが，ここのほうが政治的で軋轢が多いと感じますね。あとは，国の政策に敏感ですね。前の大学では国の方針を気にしている人はほとんどいませんでした。ここでは，「これは政策に沿ってる？」とか「中教審委員の＊＊先生がこんなことを言ってますよね」という発言をよく聞きます。それと，これはいい点だと思いますが，企業との共同研究や，学生のフィールドワークとか，ボランティア指導とか，とにかく教員が外に出かけていますよね。前の大学は，オフィスにいる教員ばかりで，部屋を空けている人は少数派でしたね。

センター長：Z 先生は，この大学を気に入っていますか？

Z：ええ，もちろんです。Y 大学は前の大学よりも，学生中心の大学だと思いますし，そこが教員間での合意形成に重要だと思います。ただ，さっき言ったとおり，それぞれ異なる理由で合意する点が気になります。ですから私も，ICT 活用教育のメリットを教員と話すときは，いかに学生のメリットになるかを話しますし，執行部が教育を管理したりすることにつながらないことを強調しています。でも，執行部と話をしてプロジェクト予算の必要性を訴えるときは，政策の流れや大学の中期目標といかに合致するかを強調します。

センター長：私はそれに気づくのに時間がかかったけど，Z 先生はすぐに適応したみたいですね。

●論　点

❶ 組織文化の三つのレベル（人工物，価値観，前提認識）に沿って，Y 大学の文化を分析してください。

❷ Y 大学で新たな学長が就任し，ほとんどの教育改善に関する意思決定を執行部のみで行うようになった場合，Y 大学のメンバーはどのような反応をすると考えられるでしょうか。

06 組織と環境の関係を理解する

第1節 環境の考え方

■ 1-1 オープンな組織

これまでみてきた構造や人間関係の面から組織を理解するアプローチは，暗黙の前提として組織を自己完結的なものと考えていました。すなわち，与えられた条件のなかで最も効率的な組織構造を考えたり，メンバーのコミュニケーションを促進する方法を考えたりするなど，組織内部に注目した組織の理解です。しかし，優れた成果を出す組織がどれも同じ組織構造をもっているわけではなく，ほかの組織と同じ組織構造を取り入れたからといって成果が上がるとはかぎりません。

常に最適な組織構造が存在しない背景には，それぞれの組織が置かれている環境が異なっているためであるという考えがあります。組織にとって最も重要なことは，組織が存続し続けることです。そのため，組織は自分たちの産出する成果が，環境のなかで適切な評価がされているか，されていなければそれを修正しなければなりません。組織内のそれぞれの部門は，組織の外部と独自にやりとりを行い，それを組織内に持ち込みます。各部門間のコミュニケーションや交渉を通じて，修正の方向を決めていきます。

このような，環境からのフィードバックを受けて組織を変えていく必要性を発見する考え方を，オープンシステムアプローチと呼びます。すなわち，オープンシステムアプローチでは，組織の有効性をより適切に環境に対応できるものとして考えます。

■ 1-2 環境の不確実性

組織と環境の関係が重要になるのは，環境が不確実性をもっているためです。不確実性とは，ある変化に対してその結果がよくわからない，あるいはわかるまでに

長い時間がかかるため，変化と結果の因果関係が不明瞭であることを指します。

たとえば，認証評価制度が導入された際，多くの大学はそれが大学にどのような影響をもたらすのか，よくわかりませんでした。そのため，各大学は環境からのフィードバックを得ながらそれぞれの対応をしました。たとえば，新たに評価室を設置して認証評価に対応したり，これまでに取り組んできた活動で十分対応できると考えて既存の取り組みを強化したり，ほかの大学の様子を見てから模倣しようと静観したりするなどの対応です。変化がもたらした結果についても，認証評価制度は大学の点検と教育の質向上に有効であると解釈した大学，書類さえ整えられればうまくつきあえると解釈した大学，大学の教育研究活動を阻害する有害な取り組みであると解釈した大学など，その解釈はさまざまでしょう。

環境に不確実性があることを，不安定な環境と呼ぶこともあります。社会の変化，経済活動の変化，国際化など，今日の大学が置かれた環境はより不安定になっているといえます。そのため，組織と環境の関係の理解がいっそう重要になってきているのです。

■ 1-3　不確実性の要素

環境の不確実性が少なければ，組織と環境の関係はあまり重視されません。しかし，大学の環境には，大学に影響を与えるさまざまな要素があります。たとえば，次のような要素があります。

- ・監督官庁：法令，省令，答申，政策などを用いて組織に影響を与える。
- ・入学志望者：大学への期待や過去の学習歴が組織に影響を与える。
- ・労働市場：卒業生への要求，採用方針などが組織に影響を与える。
- ・他　大　学：競合関係や協力関係が組織に影響を与える。
- ・資源調達先：ジャーナル出版社，機器納入会社，ITベンダー，人材派遣会社，金融機関などの意見や方針が組織に影響を与える。
- ・関係団体：労働組合，学会，専門職団体，加盟協会，学術会議などの意見や方針が組織に影響を与える。

これらの要素のうち，すべての要素が組織に影響を与えるとはかぎりません。また，どの要素が組織に強い影響を与えるかも，大学によって異なるでしょう。しかし，今日の社会において，これらの要素は頻繁にかつ急速に変化します。そのため，

どの要素においても環境の不確実性は大きくなっているといえます。

■ 1-4　組織の境界の考え方

　多くの人が，大学にとって学生は大事な顧客であるという話を聞いたことがあるでしょう。この考え方は常に正しいのでしょうか。環境を理解するには，組織と環境の境界を定める必要があります。しかし，実際には組織の境界を画一的に定めることはできません。組織の境界は，何について分析したいかによって変わるためです。

　たとえば，入学者選抜の方法を改善する，学費の改定を検討する場面では，学生は顧客と扱われ，環境要因になります。一方，受託研究の実施，教育プログラム用外部資金の獲得を検討する場面では，学生はメンバーとして扱われ，その活躍が成果を左右します。新しい学部の設置や教育プログラムの変更を検討する場面では，学生は組織の成果や産出物として扱われたり投入資源の一つとして扱われます。

　このように，環境要因が境界の外にあるか内にあるかは，大学によって異なります。出版社やIT ベンダーと良好な関係を築いている大学は，それらを環境要因とはみなさず，パートナーやステークホルダーとして位置づけるでしょう。監督官庁や関係団体の意見を左右できる教職員のいる大学は，自分たちに有利な政策やルールをつくることで，不確実性を減らせるかもしれません。このように，組織と環境を分ける境界は単一ではなく，組織の状況と改善したい目的によって流動的に決まることに注意しましょう。そのため，不確実性の影響も，大学によって大きく異なってきます。

第2節　環境が組織構造へ影響を与えるプロセス

■ 2-1　組織と環境の関係をみる視点

　組織と環境の関係をみる際，二つの重要な視点があります。それは，（1）環境が組織に対してどれくらいの影響力をもっているかという視点と，（2）組織は環境に対してどれくらい多様な選択肢を認識しているかという視点です。前者は環境から組織へ働きかける力，後者は組織から環境へ働きかける力ともいえます。

　たとえば，国立大学はその財源を国からの交付金に大きく依存しています。これは，国による関与が大きいことを意味するため，環境が組織に対して大きな影響力をもつといえます。逆に，大規模私立大学は十分な学生確保によって安定的な財源

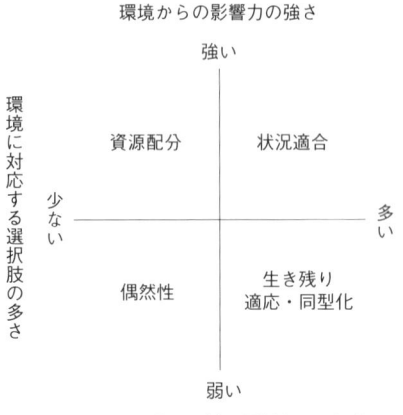

環境からの影響力の強さ

強い

環境に対応する選択肢の多さ

	強い	
資源配分		状況適合
少ない		多い
偶然性		生き残り 適応・同型化

弱い

図 6-1　組織と環境の関係をみる視点
（Bess and Dee（2008：136）より引用）

■ 2-2　状況適合の組織づくり

多くの場合，環境の不安定さは環境の複雑さ（要素の多様性など）と変化の速さの二つで定義されます。不確実性をもたらす要素が多くなるほど，また不確実性がより速い間隔でもたらされるほど，組織の環境は不安定になります。図 6-2 はこれらの関係を表したものです。組織には不確実性を認知して処理する能力はあるものの，あまりにも複雑な環境では情報を処理しきれません。また，環境があまりにも

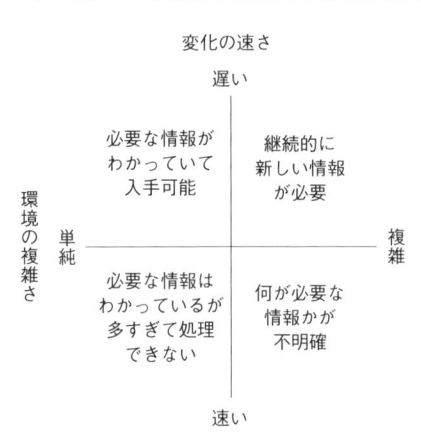

変化の速さ

遅い

環境の複雑さ

必要な情報が わかっていて 入手可能	継続的に 新しい情報 が必要
必要な情報は わかっているが 多すぎて処理 できない	何が必要な 情報かが 不明確

速い

図 6-2　環境の不安定さの定義
（Hatch（2013：69）より引用）

をもち，環境による働きかけから一定の自由があります。

しかし，環境からの制約が大きい国立大学であっても，学内メンバーがそれに十分対応できると考えている場合，環境に対する選択肢を多くもっており適応力があると考えることもできます。この二つの視点で組織と環境の関係をみると，図 6-1 のような四つの説明モデルが考えられます（Bess and Dee 2008）。以下では，この関係を紹介します。

速く変化する場合は，新しい情報として何が必要なのかもわからなくなります。すなわち，必要な情報が不足するときに，組織はそれを不確実性と理解します。

このような状況で組織が環境に適応する方法の一つに，最小多様度の法則があります（Hatch 2013）。これは，組織が環境の多様性に適応するには，環境と同等以上の多様性を組織内にもたなければならないというものです。これは，不安定な環境では有機的組織が選ばれることと関連しています。

　たとえば，留学生の受け入れ，インターンシップの教育プログラム化，外部資金の獲得，リテラシー教育，学術倫理教育，知財管理，社会人継続教育，男女共同参画，情報公開など，今日の大学に対して社会からの期待や，法令・政策で要請される取り組みは無数にあります。それらのすべてについて，トップが適切な目標を定め，仕事の手続きを標準化し，最適な組織を編成することは困難であり，時間がかかりすぎます。そのため，情報の処理に時間をかけるのではなく，まずは組織内でそれらの取り組みをしている部門に任せたり，部門がないときは新しく用意して様子を見ます。

　部門は明確な目的をもって置かれるよりも，特に効果があるかわからないがまずは置いてみる形で置かれます。そのため，環境が不安定な大学では，さまざまな部門が次々と置かれる傾向があります。

■ 2-3　資源配分が組織構造に与える影響

　大学で取り組まれる教育活動や研究活動には，予算，人材，情報などの投入資源が不可欠です。また，それらを提供するほかの組織と依存関係にあるといえます。環境から調達する資源とその関係組織との依存関係に注目することは，環境が組織に与える影響をより具体的に考えることができます。

　組織にとって重要な資源を獲得できる部門は，組織内のほかの部門よりも大きな影響力を得られます。たとえば，多くの学生を集められる学部はほかの学部よりも大きな影響力をもつことができます。あるいは，全学的な取り組みが求められる外部資金の獲得では，学部よりも本部組織が大きな影響力をもっています。このような影響力は政治的な活動をとおして，組織内の意思決定プロセスを左右します（Pfeffer 1982）。

　こうした影響力は，組織内の構造を変える力になります。重要な資源を獲得できる部門から役職者を出す，重要な資源を獲得できる部門を拡充する，重要な資源を獲得できる部門と同様の取り組みを行なっている部門を拡充するなどです。たとえば，私立大学では多くの学生を人文社会科学系の学部が集めるため，役職者が人文社会科学系に偏りやすくなります。一方で，国立大学では多くの学生が自然科学系の学部に在籍していることや，自然科学系のほうが多くの資金を獲得できるために，役職者が自然科学系に偏りやすくなります。薬学部の設置が大学の存続を救済した大学では，薬学部で取り組まれる教育改善，研究改善のアイディアや方法が，ほかの学部にも要請される傾向があります。大学全体の取り組みが重視される学部資金

へ応募することは，学部や部署よりも本部組織に優先的に人材や財源が配分されることを促進します。

このときマネジャーが注意すべき点は，環境の変化と組織内の影響力の変化は，時間的な遅れを伴う点です。環境の変化が即時に組織内の影響力の配分を変えるのではなく，いったん影響力をもった部門はその影響力を固定化させる傾向があります。その結果，新たな環境変化に適応する力を失う恐れがあります。資源獲得による影響力の行使を，一定に抑えることもマネジャーの重要な役割です。

■ 2-4　生き残りに適応する組織づくり

組織が環境に適した組織構造を獲得していくもう一つのルートに，ほかの組織の模倣があります。すなわち，環境の変化に対して生き残っているほかの組織を模倣することで，自組織の存続の見込みをより確かにするというものです。たとえば，多くの大学がAO入試を行うことで優れた学生や多くの学生を獲得できているのを見て自大学でもAO担当部署を設置したり，多くの大学が科研費アドバイザー制度を取り入れて獲得数を伸ばしたのを見て自大学でも専門部署を設置したりすることなどが組織変化としてあげられます。特に，組織間での競争が重要な領域でこのような組織変化が経験されやすくなります。このような変化は，生物が環境に適応して生き残ることに似ていることから，組織の個体群生態学理論と呼ばれます。

競争の結果どの大学でも同じような取り組みが行われ，新しい部門や新しい取り組みは，長期的に普遍的なものとして扱われます。すなわち，AO入試や科研費アドバイザー制度は，あたりまえのものになります。

こうした，環境の不確実性がその環境で競争する組織間を同じような組織にする力をもつためには，二つの条件があります（Hatch 2013）。一つは，自組織が統制できない環境要因に関する点です。たとえば，学生募集や就職支援などが代表的な例です。もう一つは，組織自身に組織を変革する能力がないという点です。模倣が本当に生き残りに有効かを検討できる組織では，模倣しない可能性があります。

■ 2-5　組織外の制度が組織構造に与える影響

大学組織は，資源をめぐる競争以外にも大学間での共通点が多くみられます。各大学で重視する活動や組織の規模が多様であるにもかかわらず，どの大学も似たような組織になるのはなぜでしょうか。これは，環境の不確実性とは別に，社会制度や文化も組織に大きな影響力をもっているためです。特に大学は従うべき法令や基

準が多いうえに，組織の正当性を社会が認める際に求める暗黙の社会的要求も多くあります。具体的には，学力にもとづく選抜をしていること，印象的なキャンパス，講堂，図書館などを備えていること，研究成果がマスコミに取り上げられることなどは，社会的な規範，価値観，文化を反映した正当な大学への社会的要求です。どの大学もルールを遵守したり社会的な要求に応えるために，同じような組織になる傾向が生じます。

　このように組織が似てくることを同型化と呼びます。同型化のタイプには次の三つがあります（DiMaggio and Powell 1983）。

- **強制的同型化**
  法令や命令などによる組織外からの公式な要請や，組織が属する社会における文化的な期待（こうあるべきというプレッシャー）による同型化。
- **模倣的同型化**
  環境の不確実性への対応のため，成功事例を模倣することによる同型化。
- **規範的同型化**
  同じ専門職集団や職能団体で共通の経験を有したり教育を受けたりした人びとが，同じような仕事の進め方をそれぞれの組織で行うことによる同型化。

　強制的同型化には，国の高等教育政策などによる影響があります。たとえば，答申などでFD（ファカルティディベロップメント）・SD（スタッフディベロップメント）の推進，IR（インスティテューショナル・リサーチ）の取り組み，アドミッション改革などが示されると，その担当部門が設置されます。この場合，実際にそうした部門の仕事が有効かどうかは問題ではなく，そうした部門の設置が国や社会の期待に応じていることのシグナルとして機能します。そのため，どの大学でも本部組織の教職員が増えるなどの同型化がみられるようになります。

　模倣的同型化には，ベストプラクティスとされた大学の模倣があります。特に，政府や専門団体による認証があったり，マスコミが優れた事例として取り上げたり，外部資金の獲得のような実績に結びつく場合に生じます。IR室の設置，学生支援室の設置，キャリアセンターの設置などの多くは，模倣的同型化の例といえます。

　規範的同型化には，大学教員が共通してもつ規範や，それぞれの学問領域で共有される規範があります。たとえば，修士課程では修士論文を書くという考えや，教養教育は重要であるなどといった考えです。実際には修士論文が新しい学問的知見

の提供に貢献していなかったり，教養教育が効果的に行われていなかったりしたとしても，修士論文を課さない修士課程の設置や教養教育を行わない学士課程は受け入れられないという教員集団の理念や規範が，多くの大学の教育組織を似たものにします。

▌2-6　偶然性による組織変革

環境からの影響が小さいにもかかわらず，組織メンバーが環境への対応方法がほとんど見出せないという状況は，変化への対応が予測不可能なものになります。すなわち，変化への対応に成功するのも失敗するのも偶然によるものとなります。

このような状況では，まず選択肢を多くもつようにするための組織変革が優先課題になります。多様な人材を受け入れたり，新しい取り組みのための実験を行なったり，それらを進めるための規程や条件を整備することに着手します。

第3節　制度ロジックで組織を理解する

▌3-1　異なる活動原理の衝突

個人や組織の活動では，異なる信念や価値観が衝突する場合があります。たとえば，家庭ではよき親であろうとすることと，職場では優秀で忠誠心あふれる職員であろうとする場合，矛盾や葛藤が生じることがあります（佐藤・山田 2004）。大学組織も，自由闊達な議論を重視した研究の場，コスト意識を重視した国の政策を実現する場，メンバーが帰属意識をもてるコミュニティの場など，複数の期待がぶつかる場合があります。これらはいずれも，個人や組織を取り巻く環境から期待される信念や価値観を反映したものです。

このような，家庭，市場，国家などの社会制度に固有の前提・価値観・信念を制度ロジックと呼びます（Besharov and Smith 2014）。家庭，市場，国家などには，それぞれに固有の領域があり，目標，価値，評価基準において独特の原理やロジックがあります。これらは，社会的期待や不文律の形で，個人や組織に見えない力を及ぼすことがあります。通常，組織内には複数の制度ロジックが混在しており，矛盾するロジックが並存すると問題が生じる場合があります。

▌3-2　社会レベルの制度ロジック

組織は社会という環境に置かれた存在として考えると，組織は社会レベルのさま

表 6-1　社会レベルの制度ロジック（Thornton et al.（2012：46, 53）を参考に作成）

国家ロジック	多様な関心を，投票などの公式ルーチンをとおして集約することを重視する。その過程では，ルールと官僚的手続きによる合理性と活動の制約が重視される。
専門職ロジック	専門性にもとづく個人的な評価を重視する。その過程では，専門性の向上とそれを通じた専門職団体の地位向上が重視される。
家族ロジック	メンバー間の互恵的で無条件の奉仕を重視する。その過程では，家系の維持と共同体としての存続が重視される。
市場ロジック	あらゆる活動について，価格をとおした取引として扱うことを重視する。その過程では，収益と効率性の向上が重視される。
企業ロジック	組織のメンバーが上司の指示に従うことを重視する。その過程では，マネジメントの効率性が重視される。
宗教ロジック	あらゆる課題を絶対的な倫理的原理として表現し，それらを運命として受け入れることを重視する。その過程では，宗教的な象徴を高めることが重視される。
共同体ロジック	共通の目的や価値を追求することで形成される集団の維持を重視する。その過程では，メンバー間で欠点を補い合い，集団の地位を向上させることが重視される。

ざまな制度ロジックのなかに埋め込まれた存在であるといえます。したがって，組織内の制度や個人の行動は，複数の制度ロジックの影響を受けることになります。社会レベルの制度ロジックには，表 6-1 のようなものがあります（Thornton et al. 2012）。これらのなかには，相互に矛盾するものや親和性の高いものがあります。

　個人や組織が複数の制度ロジックのもとで活動することは，葛藤を生むと同時に問題解決の方法を増やす効果があります。たとえば，家事の手を抜くために仕事が忙しいことを理由にしたことがある人もいるでしょう。大学組織の場合も，教授会の権限を弱くするために，全学的マネジメントの重要性を強調することがあります。このように問題に応じて複数のロジックを使い分けることが，葛藤となる場合もあれば，問題対処のバリエーションを増やす場合もあります。

▓ 3-3　制度ロジック間の葛藤

　複数の制度ロジックの間で葛藤が起こるのは，どのような場合でしょうか。この問題を考えるには，ロジック間の互換性と中心性という考え方が参考になります（Besharov and Smith 2014）。互換性が高い状態は，制度ロジック間で前提や価値観が相互に交換可能であり，互換性が低い状態は，制度ロジック間で対立があることを意味します。また，中心性が高い状態は，それぞれのロジックが組織の活動を代表しており，中心性が低い状態は，特定のロジックが組織の活動を代表し，ほかのロ

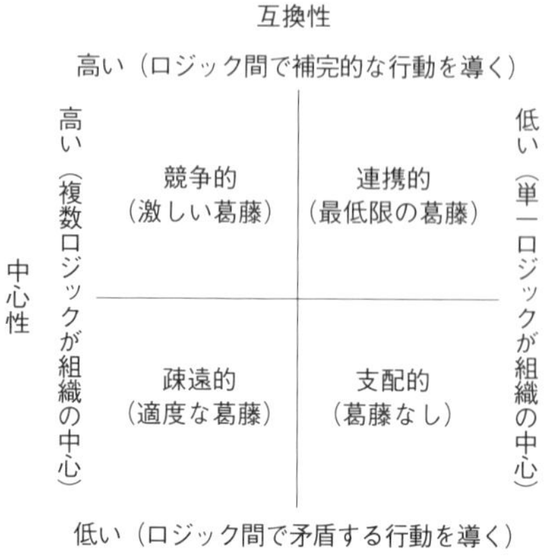

高い（ロジック間で補完的な行動を導く）

	高い（複数ロジックが組織の中心）		低い（単一ロジックが組織の中心）
中心性	競争的 （激しい葛藤）	連携的 （最低限の葛藤）	
	疎遠的 （適度な葛藤）	支配的 （葛藤なし）	

低い（ロジック間で矛盾する行動を導く）

図6-3　制度ロジック間の並存状態
（Besharov and Smith（2014：371）を参考に作成）

ジックが重要でないことを意味します。

　図6-3は，これらの関係をまとめたものです。以前の大学組織で中心的なロジックは専門職ロジックであり，ほかのロジックはさほど重要ではありませんでした。これは疎遠的な状況であり，大きな葛藤になりませんでした。また，小規模な大学では専門職ロジックと家族ロジックや宗教ロジックの間で互換性が高く，ほとんど葛藤がない場合もありました。しかし，近年の大学組織では市場ロジックや企業ロジックの中心性が高まっています。これは，専門職ロジックや家族ロジックと矛盾する行動を導くため，激しい葛藤を生むことになります。

■ 3-4　葛藤のマネジメント

　では，制度ロジック間の葛藤が深刻になると，組織はどのような対応をすればよいのでしょうか。対応方法の一つは，制度が求める実質的な変化を回避することです。たとえば，国の補助金に応募する際の条件として，政策に掲げた取り組みを実施していることを求められた場面を考えてみます。具体的には，新たに学内でIR担当部署を設置して専任の職員を置かなければなりません。この政策は，教育活動を数値化・可視化して評価指標として活用し，教育活動や学生支援活動を管理することを期待しています。しかし，これは教職員の仕事ぶりを大きく変えることになり，現場のロジックと整合しません。そこで，IR部署の設置と担当者の配置を形式的に行い，現場の仕事の大幅な変更は意図的に回避することを選びます。これを脱連結と呼びます（Bromley and Powell 2012）。

　脱連結は，組織の内実と制度化されたルールを一致させることで矛盾や葛藤が生じる場合に，制度化されたルールの実質化を回避するマネジメント方法です。図6-4の脱連結1は，この関係をまとめたものです。制度化されたルールに適応することを儀礼的に選択しながら，実際の教育研究活動の中身を変えるモニタリングや評価は意図的に回避します。成果に関する情報が外形的評価にとどまる組織ほど，

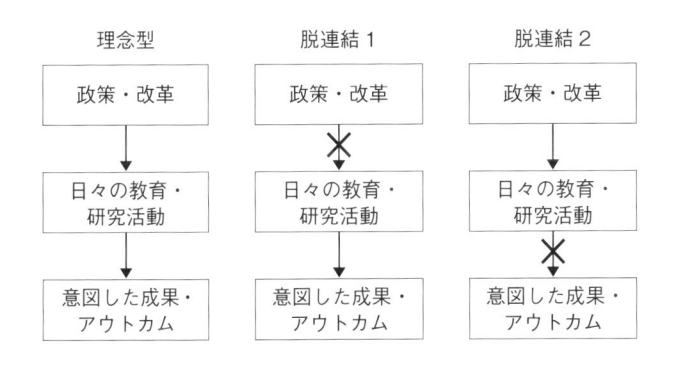

図 6-4　改革・実践・アウトカムの脱連結 <small>（藤村（2017：41）より引用）</small>

この脱連結がうまく機能するため，大学組織は脱連結を行いやすい組織です（藤村 2017）。これによって，市場ロジックか専門職ロジックのどちらかを選べといった二項対立から組織を解放することができます。

■ 3-5　社会からの信頼にもとづく脱連結

　脱連結には，現場の仕事を実質的に変化させながらも，アウトカムにつながらない脱連結もあります。図 6-4 の脱連結 2 は，この関係をまとめたものです（Bromley and Powell 2012）。たとえば，国立大学法人の中期計画・中期目標策定，学長の権限の強化や大学情報の公開を義務づける法令改正など，ガバナンスに関連した法令改正は，現場の仕事ルーチンに大きな変更を求める制度改革です。しかし，法令遵守が教育・研究活動の質を向上させるかはわかりません（藤村 2017）。この背後には，法令遵守をすれば成果が高まるという信頼の論理があります。すなわち，大学は社会から信頼される組織であるため，大学が公表する評価関連資料がそのまま社会に受け取られ，厳密な監査を回避するタイプの脱連結が可能になっています。

　たとえば，大学教育は教員が何を教えたかではなく，学生が何を学んだかが重要であるといわれます。しかし，社会側にも新卒者の採用において，学生が何を学んだかではなく，大学入学時の選抜制の高さで学生を評価することを重視する考えがあります。こうした考えが支配的なうちは，アウトカムにつながらない脱連結が機能します。社会側も政策が期待するアウトカムを求めていないためです。しかし，社会側が学生の学習成果を本気で求めるようになると，信頼の論理が壊れ，脱連結

が機能しなくなる可能性があります。

第4節　メンバーが認識する環境が組織に与える影響

■ 4-1　メンバーが認識できる環境

これまでは，環境の不確実性や社会的なプレッシャーが客観的に実在するものということを暗黙の前提にして組織と環境の関係を考えてきました。これは，環境がどの大学からみても同様に解釈されることを意味します。しかし，現実には組織からみた環境が，誰の目から見ても同一であるとはいえません。たとえば，厳格な成績評価やディプロマポリシーの策定という環境からの要請は，組織内のメンバーによってその理解が異なるでしょう。各大学は，そのメンバーが組織の外部で何が起こっているかについての解釈を交換し，共有された環境に対して反応すると考えられます。そのため，一つの環境の変化が，ある大学にとってはチャンスにみえたり脅威にみえたりすることがあります。

また，ある部署は組織の環境を意図的に歪めて解釈し，それを組織内で共有しようとすることもあります。たとえば，図書館の職員は現在の教育改革圧力への対応としてクリティカルリーディングやアカデミックライティング教育の重要性を主張するかもしれません。なぜなら，それらの重視は図書館の存在意義を高める可能性があるためです。さらに，一般的には組織内で強い影響力をもつ部門の環境解釈が，組織の環境解釈として採用される傾向もあります。先の例でもし図書館の影響力が小さい場合，政治的な活動を通じて自分たちの解釈を影響力の強い部門に共有してもらう交渉や妥協が行われます。

これらのことから，組織と環境の関係を理解する際には，組織内で環境の解釈がどのように行われるかのプロセスに注目することの重要性がわかります。

■ 4-2　センスメイキングの重要性

採用面接の場面を考えてみましょう。求職者は過去の経験や実績にもとづいて，いかに有能で応募先で活躍できるかを語ります。仮にある経験や実績が応募先の仕事とあまり関係のないことや，自分では失敗経験と位置づけていることでも，面接の場面では別の意味づけや新しい解釈を見出し，積極的なかたちで採用側へ伝えるでしょう。このように，ある結論を得るために納得できる解釈を生み出すことで，その結論を意味あるものにすることをセンスメイキングと呼びます（Bess and Dee

2008)。

　組織内の問題についても，問題となる状況そのものが示されることはなく，多くの場合，ある人が問題であると解釈したものが問題として提示されます。しかし，他者もそれを同じように問題として解釈するとはかぎりません。そのため，組織として問題を扱うには，それにかかわる人の間で問題に関するセンスメイキングが行われなければなりません。

　たとえば，地域密着を長年標榜してきた大学で，「地（知）の拠点大学による地方創生推進事業」の募集が行われるにあたり，大学本部やある学部で応募を考えているとします。しかし，この応募に対して学内で「応募します」という意思決定を伝えるだけでは，多くの人はその結論を意味あるものとしてとらえません。すなわち，ディシジョンメイキングでは環境の解釈は共有されないため，センスメイキングが必要です。

　センスメイキングは，認知プロセスと社会的プロセスの二つのプロセスを含みます。認知プロセスは，結論の提案者が新しい解釈や意義を生み出す過程を指します。社会的プロセスでは，その新しい解釈や意義をほかの人の経験と結びつけるためのコミュニケーションを指します。センスメイキングにかかわる人の間で，それぞれがもつ過去の経験を出し合いながら，結論とメンバーの経験の接点を明らかにするなかでセンスメイキングが行われます。

　センスメイキングが特に重要になる場面は，部門横断的な取り組みや全学的取り組みを行う場面や，国立大学法人化や専門職大学院構想のような，あまりにも大きく見通しのつきにくい環境変化の場面です。そのため，センスメイキングは組織のトップにとって重要な考え方になります。

■ 4-3 信頼基盤としてのシェアドガバナンス

　センスメイキングを重視すると，組織内での環境解釈やそれがもたらす方針の決定は，より集団的なものになります。このような方針や政策を決める行動を促進する考え方として，シェアドガバナンスがあります。シェアドガバナンスは，執行部は経営事項の方針決定，教員集団は教育事項の方針決定のように，領域の特質に応じて権限を分担する方針決定の制度ですが，そうした制度を可能にする源泉は，執行部と教員集団の間の相互信頼にあるという考え方です（Taylor 2013）。

　シェアドガバナンスによる意思決定では，執行部と教員集団の間で必ず衝突が起こります。そのため，センスメイキングを伴わないシェアドガバナンスは，問題の

多さや方針決定の遅れが指摘され，最終的に執行部のみによる意思決定へ移行してしまいます。しかし，教育活動のような専門性が求められ，かつ，効果的な活動のための技術が不確実な活動の方針決定では，多くの場合執行部が適切に決定することはできません。そのため，トップダウン型の意思決定は組織の活動を大きく停滞させることになります。

シェアドガバナンスをうまく機能させるために，トップにできることがいくつかあります（Ott and Mathews 2015）。一つは，制度の源泉である信頼関係の構築です。具体的には，意見や情報の透明性を常に確保する原則を貫くことや，立場や形式による話をせず，現状に関する率直な話をすることです。もう一つは，問題を教員集団が理解可能な形で示すことです。具体的には，多様な解釈を尊重して議論の対象とし，教員集団の問題理解を共有します。その過程では，反対意見を積極的に取り上げたり，多様な人を議論に招いたりします。トップの多くは，学内の教職員をほとんど知らない場合が多いですが，学内にある知恵の活用がこの過程のポイントです。

シェアドガバナンスは実態としての制度ととらえるよりも，メンバー間でセンスメイキングを進める土台として扱うことによって，有効に活用することができます。

◆ケーススタディ⑤：環境から影響を受ける教育学部の教員たち

　Ａ大学は，地方の国立大学で，教員養成を主とする教育学部のほか，文理5学部で構成される総合大学である。教育学部の前身は師範学校で，これまでに地域へ質の高い教員を輩出してきたことを自負している。教育学部は小学校教員養成課程と中学校教員養成課程のほか，心理学，情報処理，日本語教育・異文化交流といったいわゆるゼロ免課程（新課程）を有している。

　これらのゼロ免課程は，一時期，教員養成課程を上回る人気があり，募集倍率も高かったものの，近年ではそれほど多くの学生を集められていない。Ａ大学には人文学部と工学部があり，心理学以外の分野はこれらの学部を志望する学生が多くなっている。また，地域には国立大学以外に私立大学が2校あり，そのうちの1校は心理学部を設置している。そのため，教育学部の心理学課程でも徐々に志願者を減らしている。

　教員養成課程についても，これまで学生募集に関する心配はほとんど不要だった。募集倍率は長年5倍から8倍で推移してきており，教員は優れた学生が確保できていると考えていた。しかし，5年前からこの倍率が下がり始め，初めて2倍となった。近隣の私立大学が提供する心理学部と国際教養学部では，心理士資格や産業カウンセラーの取得コースがあったり，全員に1年間の留学が義務づけられていたりするなど，学生を引きつけるプログラムがあり，Ａ大学の教育学部全体で少しずつ危機感が高まっている状況にある。

　一方で，教育学部の学生調査や卒業生調査によれば，学生は教育学部の教育に高い満足を示しており，卒業生からの支持も高い。教員免許状更新講習はさながら同窓会であり，大学教員への高い敬意が示される場となっており，教員の満足度や士気も極めて高い。

　近年，Ａ大学では予算削減が深刻な問題となっており，教育学部でも教育・研究に必要な図書・情報機器などの更新や拡充に支障が出るようになっている。教育学部は地域連携の取り組みを多数行なっているものの，外部資金を獲得できるような事業がほとんどない。そのため，学内では独自の財源確保が困難な学部と認識されている。そうしたなかで，高等教育政策の一環としてゼロ免課程の意義の見直しや教員養成課程の定員見直しが，方針として示されるようになった。

　Ａ大学の執行部は，こうした予算削減と高等教育政策への対応を迫られている。特に地方の国立大学として，地域の産業振興・産学連携事業が重要なミッションとして求められ，自然科学系の教育・研究の拡充が優先課題としてあがっている。ある学内の会議において，教育学部長は執行部から，教育学部は今後どのような地域貢献のプランがあるのかという点についてきびしい質問を受

けることとなった。

●論　点

❶ A 大学は環境からの影響はどの程度強いといえるでしょうか。

❷ A 大学の執行部および教育学部の教員は，環境からの影響に対して
どれほど多くの対応手段をもっていると考えられるでしょうか。

❸教育学部の教員は，この状況をどのように認識していると考えられ
るでしょうか。

07 組織における意思決定

第1節　意思決定の特徴

■ 1-1　問題を解決する

所属大学で出張の事実がないにもかかわらず，旅費を請求するカラ出張が発覚した場面を考えてみます。このような不正が再発しないよう，組織として対策を講じる必要があります。この大学では，これまで出張の事実を確認してこなかったために起こった不正と考えました。そこで，今後はすべての出張について用務先にいたことを証明する書類の提出を求めることにしました。

このように，組織における意思決定とは，問題を特定し解決するプロセスを指します（Daft 2009）。このプロセスには，問題を特定する段階と問題を解決する段階があります。前者は情報を収集し，問題を分析する活動が中心となり，後者は複数の解決方法をリストアップし，そのなかから一つを選択して実行する活動が中心となります。

■ 1-2　前例のない問題に取り組む

研究費の不正使用に関する問題解決は，比較的簡単な意思決定といえます。過去にも不正に対応した事例があったり，問題が生じる原因や現状に関する情報も得やすく，リストアップされる解決方法も問題解決に至ることが容易に予測できるためです。

一方，入学志願者が5年連続で減少している大学において，志願者を増やすための方策を決める場合を考えてみます。組織がこれまでそうした問題に直面したことがない場合，これは難しい意思決定になります。まず，問題が生じている原因の特定が困難です。提供する教育プログラムがニーズに合わなくなった，家庭の所得水準が上がり子どもを都市部の大学へ送るようになった，競合大学が新しい教育プログラムの提供を始めた，高校の進路指導担当教員の心象が悪くなったなど，多くの

原因が考えられますが，何が最も重要な原因か判然としません。こうした問題を不良定義問題と呼びます。

　不良定義問題は，問題の分析が難しいため対応する解決策もあいまいです。そのため，複数の選択肢から最適な解が選択されることは少なく，勘や経験にもとづいてその問題のためだけに用意した解をつくることになりがちです。その結果，よい解決策と思われた案も，後から問題の分析そのものが間違っていたということが起こります。

第2節　意思決定のモデル

■ 2-1　プロセスとしての意思決定

　前例のない問題の解決のために考えられたモデルに，意思決定のプロセスモデルがあります（Mintzberg et al. 1976）。これは合理的な意思決定を行うために，問題の特定から問題解決策の決定までのプロセスを段階的に示したものです。具体的には，表7-1に示す六つの段階を経て意思決定に至ります。

　このモデルは，問題に関する情報がすべて収集可能であり，意思決定に参加する全員がそれらの情報をすべて処理できることを前提としています。また，問題は客観的なもので，誰からみても同一の問題として認識可能と考えている点が特徴です。

■ 2-2　構造としての意思決定

　意思決定のプロセスモデルは，合理的な意思決定の特徴をうまく説明するものの，

表 7-1　合理的な意思決定のプロセス（Mintzberg et al.（1976：266）を参考に作成）

（1）問題の認識	情報を収集して問題がどのようなものかを明確にする。既存のルーチンのなかで解決できるかを検討し，問題解決が必要かどうかの判断を行う。
（2）問題の分析	問題がどのような衝突や制約から生じたものかに関する情報を広く収集する。
（3）解決案の探索	解決策の案を，過去の探索（過去の同様の問題でどのように対応したか），消極的探索（よい問題解決の案が出るまで時間の経過を待つ），招聘的探索（問題解決案を出せそうな学外の専門家を招く），積極的探索（問題解決のためのタスクフォースなどに資源を投入して解決策を出す）の四つの方法で探索する。
（4）解決策の選択	出された解決案のなかから，選択肢として採用する解決策を分析して選択する。
（5）解決策の評価	選択肢として選ばれた解決策のうち，それらを実行した場合に生じる問題，実行に要する資源などを評価し，最適な解決策を選択する。
（6）解決策の採択	選択した解決策を組織内の正式な手続きを経て承認し，実行へ移す。

表 7-2　合理的な意思決定の構造（Bess and Dee（2008：597-598）を参考に作成）

	戦略的意思決定	戦術的意思決定	運用的意思決定
取り組む時間	長期的	短期的	日常的
問題の発生場所	執行部・上層管理職	中間管理職	現場スタッフ・特定の専門分野
情報の解釈	多様・変化しやすい	安定的・信頼できる	技術的
問題を放置するリスク	不明確	予測可能	説明可能
意思決定にかかわる部署・メンバー	多　数	少　数	最小限
議論される内容	創造的	理論的・実践的	現実的
問題解決活動を制約するもの	将来の不確実性	時間・資源の希少性	伝統・習慣
中心的な話題	将来予想，拡散的・創造的議論	馴染みのある内容	手続き・ルーチン

学内のあらゆる問題がこのプロセスで解決されるわけではありません。ある学科の授業で不合格者が全体の6割を超える授業があり，学生から成績評価基準が不当に高いのではないかという申し立てがあった場面を考えてみます。この場合，学科長が当該授業の担当教員と相談して問題解決に取り組むことが多いでしょう。一方，そうした不合格者の多い授業が大学全体で多く，全学的に問題解決に取り組む場合は別のアプローチが必要です。

このように，問題解決の内容は構造によって決まるという見方もできます。構造から意思決定をみると，大きく戦略的意思決定，戦術的意思決定，運用的意思決定の三つに分けることができます。表7-2はこれらの特徴をまとめたものです。

2-3　役割としての意思決定

プロセスとしての意思決定や構造としての意思決定は，学内の意思決定の合理性や有効性を評価するための視点になりうるものの，現実の意思決定ではマネジャーの思いつきや経験則で問題解決が図られることが多くあります。もしそうであれば，マネジャーは意思決定の場面を，組織の有効性を高めるために効果的に使うことが求められます。すなわち，意思決定そのものが重要なのではなく，意思決定の過程でマネジャーとメンバーの間の相互作用をとおして，組織の統合を進めることが重要です。

このように，意思決定そのものに役割があると考えると，表7-3に示す三つの役

表7-3 　役割としての意思決定（Mintzberg（1973：59-78）を参考に作成）

役　割	含まれる行動	行動の例
人間関係役割	象　徴	セレモニーを主宰し，求められる役割を果たし，適切に権限を行使することで，マネジャーらしく振る舞う。
	リーダー	意思決定に関与する人を動機づけ，議論を活性化する。
	組織連結	問題解決に役立つ知識や情報をもつ学外者とメンバーをつなぐ。
情報伝達役割	情報収集	問題解決に必要な情報収集を多方面に対して行うとともに，それらの集約を一元化してまとめる。
	情報拡散	学内外から得た情報を，伝達して情報を組織内に循環させる。
	情報発信	検討中の問題解決策を学内外に発信して適切なフィードバックを得る。
意思決定者役割	未知の取り組みへの挑戦	学内のシーズを発展させてこれまでにない問題解決策を実験し，革新的な問題解決につなげる。
	困難の排除	問題解決の推進を阻害する要因があれば，責任者として対応する。
	資源配分	問題解決に必要な資源を割り当てる。
	交　渉	問題解決の推進において学内外で調整や折衝が必要な場面で代表者として対応する。

割が特に重要となります（Mintzberg 1973）。逆に，意思決定場面でマネジャーがこれらの役割を十分に果たせなければ，メンバーは意思決定の経験を意味のあるものとして理解できず，マネジャーへの信頼を損ねることにつながります。

■ 2-4　示威行為としての意思決定

　マネジャーが意思決定場面を組織統合に効果的に使おうとするのと同様に，意思決定に参加するメンバーも意思決定場面を個人的な関心で使うことがあります。一般に，組織のメンバーは，固有の情報処理に関する志向性をもっており，情報の受け入れ方と情報の処理の仕方によって大きく四つに分けることができます（表7-4）。

　これらの志向性の組み合わせによって，意思決定場面の個人の示威行為は次の四つのタイプに分けられます（Bess and Dee 2008）。

> ・システム的示威（知覚的・思考的）
> 　学習成果などに関する量的な指標を示すことを好み，正確な測定を通じて問題解決策を提示しようとする。

表7-4 個人の情報に対する態度（Bess and Dee（2008：639-640）を参考に作成）

情報の志向性	タイプ	特　徴
情報受容	知覚的	受け取る情報の詳細や事実に注目し，情報を細かく分割して理解しようとする。
	直観的	受け取る情報の全体像に注目して情報を理解しようとする。
情報処理	思考的	得た情報から法則を発見したり，手続きを確立するなど，分析的に処理することで，ほかのメンバーが問題解決のロジックを理解できるようにする。
	感覚的	得た情報の個別事例やその意味づけを理解することで，ほかのメンバーが問題解決の価値を理解できるようにする。

- **公正的示威（知覚的・感覚的）**
  学生の研究室での振る舞いや学生寮での態度など，アクセスが容易でない微細な情報や事例の提示を好み，局所における問題是正を主張する。
- **思索的示威（直観的・志向的）**
  学内の動きや大学を取り巻く環境を大局的にとらえることを好み，自学の位置づけをよりよくするための将来提案を提示しようとする。
- **発見的示威（直観的・感覚的）**
  情報の全体像を価値づけることを好み，大学のメンバーが経験した事例やエピソードを用いて，問題解決策の意味や価値を主張する。

　大学が直面する課題によって，これらの示威行為の重要性は変化します。たとえば，監督官庁から新しい政策や情報が出されるときには，思索的，発見的なタイプのメンバーの力を借りることになります。一方，認証評価の受審などではシステム的や公正的なタイプのメンバーの力を借りることになります。

第3節　あいまいな意思決定

■ 3-1　よくみられる事象

　これまでみてきた意思決定では，問題が生じるとメンバーはその解決に十分な労力を投入するという暗黙の前提を置いてきました。しかし，実際はメンバーが問題解決に関与する際，さまざまな利害を抱えながらそのプロセスに参加します。自分やグループにとって不利な意思決定がされる場合には，そのプロセスを妨害する

かもしれません。また，メンバーは問題解決以外にもさまざまな仕事を同時並行で進めています。そのため，問題解決プロセスには断片的にしか参加しないかもしれません。その結果，次のようなことが組織内でよくみられます（マーチ・オルセン 1986）。

- 膨大な時間と労力を投入して意思決定した行動計画が実行されない。
- 極めて重要な意思決定が，学長と当事者などごくわずかな参加者だけで決められる。
- 意思決定プロセスへの参加には積極的だったのに，実行段階になると多くの人が無関心になる。

これらの事象を理解するには，組織が抱えるあいまいさに注目する必要があります。

■ 3-2　四つのあいまいさ

一般に，組織は次に示す四つのあいまいさを抱えています。

- 意図のあいまいさ
  大学組織の目的は不明瞭であったり，相互に優先順位がつけにくかったり，ときに矛盾した目的を同時に抱えている。
- 理解のあいまいさ
  どのような教育内容や教育方法が，組織の目的に掲げられた人材像育成につながるかが不明確なように，問題解決策と期待される帰結の関係が不明確である。
- 歴史のあいまいさ
  過去の事例から学ぶ必要があるものの，歴史の解釈は立場や経験によって異なり，組織の上層部ほど歴史を都合のよい形につくり変える傾向がある。
- 組織のあいまいさ
  各メンバーは，問題解決に対してばらばらに注意を払い，問題解決プロセスへの参加もばらばらである。

これらのあいまいさは，意思決定のプロセスに大きな影響を与えます。特に大学

組織はこれら四つのあいまいさが顕著な組織であるため，意思決定プロセスが独特なものになります。

▓ 3-3　ゴミ箱式意思決定

　大学組織の意思決定プロセスは，メンバーの選好と参加に特徴があります。第一に，大学組織は，多様な目的をもったメンバーがゆるやかにつながった組織です。文学部と工学部の教員は，普段まったく異なる関心をもって活動していますが，全学教育の方針に関する議論ではそれぞれの立場からかかわり，ゆるやかにつながります。第二に，メンバーのなかでも特に教員は，労力をやりくりしながら流動的に意思決定プロセスに参加します。しばらくまったく参加しないことが続いたかと思うと，急に問題の理解や分析に深く参加することがあります。組織のあいまいさが顕著な組織で行われる意思決定は，ゴミ箱式意思決定と呼ばれます（マーチ・オルセン 1986）。

　ゴミ箱式意思決定は，次の四つの特徴を備えた意思決定です。

　・問　題
　　解決すべき問題は，さまざまな問題が同時に出される。出される問題は，メンバーのライフスタイル，仕事上の不安，キャリア，組織内のパワーバランス，地位や資源の配分，イデオロギーが反映されたものである。

　・解決策
　　解決策は合理的に導出されるものではなく，誰かが個人的に考えたものである。それは問題と必ずしも関係するとはかぎらず，ときには解決策が示されてから問題に気づくこともある。

　・参加者
　　問題解決の参加者は，各自がほかにどのような活動に時間を割かなければならないかによって決まる。

　・選択機会
　　意思決定を行う場面は，計画的あるいは偶発的に決まる。すなわち，予定した審議の時間数に達した，期限や締め切りに至った，人事異動で参加者が変わった，強力な外生要因（監督官庁やステークホルダーの意見）が新たに示されたなどで決まる。

すなわち，意思決定の機会とは，参加者にさまざまな問題や解を投げ込むゴミ箱が回される場であり，そのなかからどのような問題が検討対象に選ばれるか，どのような解決策が取り上げられるかは，投げ込まれたゴミの数，ゴミが回収される頻度，ゴミ箱が回されるスピードによって変わります。

■ 3-4　意思決定の帰結

ゴミ箱式意思決定では，最終的な意思決定には三つのパターンがあります（マーチ・オルセン 1986）。

・**見過ごし**：ゴミ箱に問題と解が投入される前に解決策を決めてしまう（潜在的な問題や解を見過ごす）。
・**やり過ごし**：投入された問題が困難な場合，適切な解や参加者の組み合わせができるまで問題が先送りされ，そのうちにほかの問題がより重要になり，当初の問題は忘れられたり，雑な解があてられたりする。
・**解　　決**：すべての問題と解がゴミ箱に投入され，参加者によってそれらが解かれ，問題が解決される。

これらのうち，あいまいさが顕著な組織ほど，見過ごしかやり過ごしの意思決定になります。特に見過ごしは大学でよくみられる帰結です。問題や解がメンバーから投げ込まれる前に，学長や理事長が特定の方針を表明したり評議会で説明したりしたために，それ以外の解決策が検討できなくなり，メンバーはしぶしぶその方針を実行することがあります。

こうした意思決定の帰結を，組織化された無秩序と呼びます。解決しなければならない問題に対して，組織内に首尾一貫した選好がない状況では，平等主義，学問の自由，大学の自律性といった，多くのメンバーの好みに合致する象徴が好まれます。そのため，採用される問題解決策は，問題との因果関係が明確でなくなります。

第4節　あいまいな意思決定を乗り越える

■ 4-1　メンバーの注意の向け方を知る

大学組織の意思決定がゴミ箱式になる傾向があるとわかっているのであれば，マネジャーはそれを前提に意思決定に取り組む必要があります。すなわち，いかによ

い問題と解決策の組み合わせを効果的に得て，見過ごしややり過ごしではなく，解決に至るかに関与する必要があります。そこで，組織のどのような特徴がメンバーの参加度を変えるかについて知っておくとよいでしょう。

メンバーの参加度は，組織が定めるルールによって変わります。たとえば，前例のない問題を起こした学生の懲戒処分の検討を，各学部長を集めた全学評議会で行う場面を想定してみます。学内のルールでこの問題を扱う場は全学評議会であると定められているため各学部長は参加しますが，メンバーはこの問題を扱う専門性を備えておらず多くの注意を払いません。事務局が提案した原案を追認するだけになります。そこで，原案を作成するために学外者を含む専門家を集めて問題解決策を用意しておくと，適切な解決策の案をまとめることができます。

あるいは，ある学部で新たにeポートフォリオシステムを導入することになったものの，教員間でポートフォリオの概念や活用方法の考え方が異なり，議論がまとまりません。実は，ある新任教員が前任校で運用責任者の経験があり，導入の意義や使い方を提言できる専門性を備えていたとします。しかし，この学部では教員会議での発言は年長者中心で若手は指名がなければ発言しにくい規範があるため，新任教員は議論に注意を払いません。

このように学内にあるルールや手続き，組織内で共有されている規範や文化，環境から課される法令や政策などは，メンバーの注意の向け方を左右します。

■ 4-2　注意配分を制約する構造

メンバーの参加度を知るには，組織における注意の配分モデルを知っておくとよいでしょう。組織内にあるルールや規範には，メンバーが注意を配分しようとしても，それ妨げるものがあります。注意の配分構造を決めるモデルには，表7-5に示す三つのモデルがあります。これは最も単純な状況をモデル化したものであり，実際の組織内にはこれらの中間にあたる状況が無数にあります。しかし，このモデルを知っておくと，意思決定場面で必要なメンバーの参加を促す際に，有益な示唆を与えてくれるでしょう。

■ 4-3　注意配分を左右する組織内要因

メンバーのゴミ箱式意思決定への参加度を左右する要因として，以下にあげる三つの要因があります（マーチ・オルセン 1986）。

第一に，相互依存性です。これは，扱う問題の相互依存性が高いほど，メンバー

表 7-5　注意の配分構造モデル（マーチ・オルセン（1986：56-57）を参考に作成）

	特　徴	上限規定	下限規定
無差別構造	注意配分は一定。	問題解決に誰が参加してもよい，どの問題を議論してもよい。	すべてのメンバーが参加しなければならない，あらゆる問題が議論されなければならない。
専門的構造	注意配分は問題や解決策の専門性に応じて行われる。	メンバーAは問題Xに参加してよい，メンバーBは問題Yに参加してよい。	メンバーAは問題Xに必ず参加しなければならない。
階層的構造	注意配分は問題や解決策の序列によって行われる。	教職員は重要でない問題に参加できる，学部長・管理職は一定の問題に参加できる，執行部はあらゆる問題に参加できる。	教職員は重要でない問題に参加義務がある，学部長・管理職は一定の問題に参加義務がある，執行部はあらゆる問題に参加義務がある。

の注意と参加を引き出せることを指します。たとえば，工学部の低学年次にどのような実験内容を扱うかは，研究室配属後の指導内容にかかわるため，教員は注意を払って議論に参加します。一方，教養教育のカリキュラムについては，研究室配属後の指導に影響がないと考えると，教員は注意を払いません。あるいは，施設部が打ち出す省エネ方針は，さまざまな部署の教育・研究・業務に影響するため，他部署から多くの注意を集めます。

　第二に，能力のばらつきです。これは，意思決定参加者の能力が多様になるほど，問題解決に不適切な参加者が増える可能性が高まることを指します。たとえば，認証評価に向けた自己点検報告書の作成方針を決める際，評価に関する知識や能力が不十分な人は，不適切な解決策を提案する場合があります。そのことが，知識や能力を備えた人の問題解決に関与する労力を高め，その人にとってより重要なほかの仕事への注意を阻害するとき，問題解決への注意や参加が阻害されてしまいます。扱う問題が専門的な場合は，それに対応できる専門性を備えたメンバーを集めて解決策を検討するようにします。したがってマネジャーには，メンバーがもつ専門性の把握に努めることが求められます。

　第三に，価値のばらつきです。たとえば，ほとんどの教職員が理事長や学長と価値を共有しているとき，専門的構造や階層的構造で注意配分が制約されていても，大きな問題にはなりません。しかし，多くの教職員が理事長や学長と反対の価値を重視するとき，教職員に有利になる解決策の決定には参加する一方，不利になる解決策の決定には注意を払いません。

◆ケーススタディ**6**：場あたり的に揺れる意思決定

　A大学は都市部の大規模大学で，文理にわたる8学部を有する総合大学である。この大学では，教学面に関する最終的な意思決定機関として全学教育委員会が設置されている。これは，教育担当副学長を筆頭に，8学部の学部長，全学教育センター長，国際教育センター長，大学教育開発センター長，情報センター長の13名で構成され，毎月2回の定例会議を開催している。委員会で審議される内容は多岐にわたり，新たな教育プログラムの承認，他大学との単位互換，教育にかかわる規程の改正，教職課程の申請，学生の表彰や懲戒など，多様な議題を扱う委員会である。

　この委員会は教学面における実質的な全学意思決定機関であるが，実際には事前に事務局が用意した議題を追認する形で進行され，出席者が発言する機会はそれほど多くない。そのため，毎回多くの議題があるものの，30–40分程度で終了することが多かった。しかし，この4月から学部長の任期満了に伴い，三つの学部で新たに学部長が選出され，初めての全学教育委員会が開催されることとなった。

　これまでと同様，順調に議事が進行するなか，全学教養科目の一部をとりやめて新たな科目を開講することの承認の際に，理工学部長のB教授が「全学教養科目のなかで，文理融合型の教育にもっと取り組むべきではないか」と発言をした。B教授は新たに委員会のメンバーになった3学部長の一人である。

> 　B：今，工学分野では異分野の人と協働してイノベーションにつながる仕事ができる人材の育成が急務です。日本は高い技術力があるにもかかわらず，生活を大きく変える工業製品を出せていないのも，異分野との協働の経験が少ないことが関係しています。

　その後もB教授は15分以上，人材育成に関する持論の展開を続けた。そのなかで，B教授の問題意識の背景に，先週参加した国際会議で，中国の大学が工学教育のなかで教養教育の割合を大きく増やし，イノベーション人材の育成に重点を置いた話を聞いたことが紹介された。

　議長の副学長は，ほかのメンバーの顔色を見ながら「先生のお話は重要ですが，予定の時間を大きく超過していますので，この問題は次回以降にあらためて検討したいと思いますが」と割って入った。

> 　**副学長**：学際教育は工学だけでなく，すべての分野で重要ですが，その実現にはカリキュラムの検討や教員のトレーニングなど時間と資源が必要です。

副学長はこう続けたが，B教授は反論した。

　　B：たしかにそのとおりですが，世界の大学はカリキュラムの改変も極めて迅速ですよ。

この指摘の後に，別の学部長のZ教授が発言した。

　　Z：うちの学部は，この4月から学科再編でカリキュラムも新しくなりました。少なくとも4年間は新カリを変更したくないので，教養科目の見直しをするならうちの学部に影響ない形にしてほしいのですが。
　　副学長：わかりました。いずれにしても，この問題は重要ですので慎重に検討しましょう。ただし，迅速に検討を進められるように努力します。B先生には，より具体的なカリキュラムのあり方について，学部内で検討してこの委員会で紹介してもらえませんか。

　副学長の発言で，初回の委員会は閉会となった。
　しかし，その後3か月たっても，B教授は委員会でこの問題について発言することはなかった。事務局は会議前に，毎回B教授に提出資料がある場合は事前送付をと伝えていたが，次回以降にしたいという返事しかなかった。
　その背景には，B教授と専門が近いC教授が，理工学部で新たに企業人を招聘した学生向け講演会を始めたことが関係していた。開発の現場でいかに異分野の人との協働が重要かを説くこの講演会シリーズは，学生からも教員からも評判がよく，大きな予算も必要ないため，毎月1回のペースで今後も開催されることになっていた。
　ある日，副学長は学長と話すなかで，学長が来月開催される大学コンソーシアムの会合で，自大学の教養教育について事例紹介をしなければならないことが伝えられた。

　　学長：どうやら政府は次年度に教養教育の刷新に対して新たな競争的資金の公募を始めるらしい。先日，政府の方から内々に情報の提供があって，準備しておくように暗に言われたんだよ。何か目玉になるものがほしいので，来月のプレゼンの素案をお願いしますよ。

　副学長は思わぬ課題を学長から出され，頭を抱えることになった。
　よいストーリーが思い浮かばないなか，全学教育委員会でB教授が話したことを思い出した。事務局に確認したが，B教授から特に資料の提供はなく，委員会で提示された問題が進んでいないことを知った。

　副学長は急遽 B 教授と連絡をとり，学長を交えて意見交換の機会をもちたいと伝えた。B 教授は，学長，副学長に全学教育委員会で話した国際会議での経験や，理工学部で現在行なっている連続セミナーを紹介し，異分野融合教育の必要性を訴えた。

　「すばらしいアイディアです。私もまったく同感です。異分野融合教育は今後の本学の教養教育の柱であるべきでしょう。私としては必要な予算も措置したいので，B 先生に中心になってもらって，ぜひ実現できないでしょうか」と，学長は熱っぽく語った。「ありがとうございます。本学も世界標準の教養教育に取り組むべきです」と，B 教授は答えた。

　「この件は，全学教育委員会で方針を確認し，委員会のもとに具体化を検討するワーキンググループを設置して進めてもらいましょう。B 先生には，ワーキンググループにもぜひ参加してもらいたい」と，学長は副学長に提案した。「わかりました。さっそく準備を進めます。ようやく本学でも，文理融合型の教育を進める機運が高まりましたね」と，副学長は答えた。

　「文理融合もいいですが，工学教育では異分野融合が重要なのですよ」と，B 教授は話した。「異分野融合とはどういう意味ですか」と，副学長は質問した。

　「化学と生物学とか，生物学と物理学とか，そうしたところで新しいイノベーションが起こっているのです。文系の学習にあてられる時間は，今の工学教育にはありませんよ」と B 教授は答えた。

●論　　点

❶このケースでは，どのような問題があり，どのように解決されるべきであるといえるでしょうか。

❷副学長は，全学教育委員会でどのような役割を果たしているといえるでしょうか。また，A 大学の状況をふまえるとどのような役割を果たすべきと考えますか。

❸学長によるワーキンググループの設置は，A 大学にとって適切な意思決定であるといえるでしょうか。注意の配分構造に注目して説明してください。

08 組織における動機づけとリーダーシップ

第1節 リーダーシップと動機づけ

■ 1-1 リーダーシップの定義

リーダーシップは学術的な文献のみならず，多くの人が日常的に接する言葉であり，みなさんは自分なりのイメージをもっているでしょう。そのため，リーダーシップを考えるには，はじめにその定義をしておくことが必要です。リーダーシップについて広く受け入れられている定義は，「絵を描いて目指す方向を示し，その方向に潜在的なフォロワーが喜んでついてきて絵を実現しはじめる」というものです（金井 2005）。

この定義には二つの特徴があります。一つは，リーダーシップは信頼関係という目に見えない人間関係を指す概念である点です。学長が命令するという意味で使われる場合もあるようですが，この定義では，学長が単独でリーダーシップを発揮することはありません。リーダーがいることはフォロワーがいることと表裏一体であるためです。もう一つは，フォロワーの動機づけにかかわる概念であるという点です。そのため，リーダーシップを理解するには，組織における動機づけに関する理解が不可欠です。

■ 1-2 マネジャーとリーダー

リーダーと似た言葉にマネジャーがあります。リーダーはリーダーシップを発揮する人であり，マネジャーはマネジメントを行う人です。両者の定義は異なりますが，マネジャーにはリーダーとしての役割が期待されるため，同一視されることも多くあります。

リーダーシップは，メンバーを動機づけて一定の取り組みに参加させる影響力をもっており，その源泉は信頼関係や専門性です。そのため，リーダーシップはマネ

ジャー以外にも職位や立場を問わずに発揮できるものです。一方，マネジメントは，組織のなかで正式に任命された立場の人が発揮する支配力であり，その源泉は正統性，強制力，報酬力です。個人の特性や専門性を問わずに発揮することが期待される役割や機能です。

メンバーが発揮するリーダーシップも重要ですが，組織の有効性という観点では，マネジャーがマネジメントだけでなくリーダーシップも発揮できることが重要です。

■ 1-3　組織構造とリーダーシップ

リーダーシップは，リーダーとフォロワーの組織階層上の距離による違いといった，組織構造によっても変化します。たとえば，組織の上位層と下位層は接触する機会が少ないため，カリスマ的なリーダーシップや個人の特徴にもとづくリーダーシップがより効果的になる場合があります。逆に，日常的に接触する機会がある上司と部下の間では，心理的な欲求に応じるリーダーシップがより有効になる場合があります。また，大規模な組織では公式のリーダーシップがより重要になり，小規模な組織では非公式のリーダーシップがより重要になる場合があります。

このように，リーダーシップには単一の概念や技法はなく，組織の特徴に応じて変化する影響力です。

第2節　組織の成果を左右する動機づけ

■ 2-1　個人の動機づけの重要性

大学内は多様な役割を担うメンバーで構成され，さらにそれぞれの仕事の熟達度や専門性も異なります。そのため，すべてのメンバーを単一の方法で動機づけられるような単純な組織ではありません。リーダーがメンバーの多様な欲求を理解し，多様な動機づけのメカニズムを理解することは，組織の有効性を高めるうえで不可欠です。

動機づけとは，個人に特定の行動を起こしたり維持させたりする機能を指します。簡単にいえば，動機づけは努力を引き出すことであり，通常，高く動機づけられているほど高い努力を提供します。動機づけには，認知の要素と欲求の要素という大きく二つの要素があります（Deci and Ryan 2000）。認知の要素は達成目標理論とも呼ばれ，人は望ましい成果が得られる行動をとる，すなわち目標によって動機づけられると考えます。欲求の要素は，自己決定理論とも呼ばれ，人には自律性に対す

る欲求があり，自律性が高いほど高い成果につながると考えます。

■ 2-2　認知による動機づけ

　仕事をする際に，困難な仕事を前にすると意欲が落ちてしまう人と，意欲が高まる人がいます。これらの人の間には，どのような違いがあるのでしょうか。認知による動機づけでは，その人の認知する目標がその人の行動や感情に影響を与えると考えます。自分が望ましいと考えた目標に対しては，高い努力を引き出すことができ，それが高い成果につながると考えるのです。

　人が認知する目標には，2種類あるといわれます。一つは，その仕事を成し遂げることにより自分の能力を高めたいという目標であり，もう一つは，その仕事をとおして自分の能力の高さを他者に示したい，あるいは悪い評価を避けたいという目標です。多くの職場で取り入れられている目標管理制度は，この考え方にもとづいています。

　認知による動機づけにもとづけば，組織やリーダーから与えられた目標では，メンバーは動機づけられません。メンバーが自分自身で目標を認知する必要があります。そのため，リーダーには，組織の目標と個人の目標を調整する働きかけが求められます。メンバーがどのような目標を認知しているかをヒアリングしたうえで，(1) 能力に合致した仕事の付与，(2) 組織目標の明確かつ具体的な形への翻訳，(3) 仕事ぶりに対する迅速なフィードバックの三つによってメンバーを支援します（金井・髙橋 2004）。

■ 2-3　欲求による動機づけ

　多くの人は，他人から強制された仕事よりも，自分がやりたいと思う仕事のほうが高い意欲を保てるのではないでしょうか。欲求による動機づけでは，人には自律性に対する欲求があり，自律性が高いほど高い成果につながると考えます。自律性

表 8-1　**自律性の段階**（Deci and Ryan（2000：237）より引用）

行　動	非自律的 ———————————————————————————— 自律的				
動機づけの タイプ	非動機づけ ———————		外発的 動機づけ		内発的 動機づけ
自己調整の タイプ	調整しない	外的な調整 —	取り入れに よる調整 —	同一化に よる調整 —	統合による 調整 — 内的な調整

による動機づけには，三つの種類があるといわれ，それぞれ非動機づけ，外発的動機づけ，内発的動機づけと呼ばれます。これらには段階があり，表8-1のような関係があります。

　外発的動機づけは，特定の行動の結果としてもたらされる報酬や懲罰によって努力を引き出す動機づけです。一方，内発的動機づけはそうした報酬や懲罰によらず，行動そのものへの関心や好奇心から引き出される動機づけです。このように示すと，外発的動機づけよりも内発的動機づけのほうが好ましいようにみえるかもしれません。しかし，これらは自己調整の程度が異なるだけであり，どちらも重要です。

　たとえば，大学内には従わなければならない法令・規程・ルールなどがあります。これらからの逸脱による懲罰を避けるための行動は外的な調整ですが，そうしたルールの存在意義を認めていたりルールを守らないことを恥ずかしいことだと考えていたりする人は，取り入れによる調整の段階にあります。また，それらのルールに従うことによる効果や価値を認めている人は，同一化による調整の段階にあり，周囲の人にもルールに従うことを奨励します。さらに，そうした行動の価値が自分のもつ価値観と一致する場合は，統合による調整の段階にあり，ほぼ自律的な行動になります。この段階ではルールに従って行動しているという意識はほとんどなくなります。

　職場には，上司に与えられた仕事をミスなくこなしたいという人や，仕事自体におもしろさがなくても，手続きに沿って行う仕事は美しいという価値観をもつ人も多くいます。そうした人は，自己調整によって十分に自律的に行動しています。仕事そのものに好奇心やおもしろさを見出すことは重要ですが，自己調整の度合いによっては外発的動機づけが高い成果につながることを知っておきましょう。

■ 2-4　外発的動機づけを取り込む欲求

　外発的動機づけが内的に取り込まれたり統合されていく過程では，(1) 有能さへの欲求，(2) 自律性への欲求，(3) 関係性への欲求という，人間の基本的な三つの欲求が満たされている必要があります。これを満たしてくことを，内在化と呼びます。リーダーがメンバーの外発的動機づけを取り込みたい場合は，内在化を進める支援が必要です。

　有能さへの欲求は，仕事を達成できるという効力感を得たいという欲求です。そのためには，必要な知識やスキルを得て仕事に取り組める必要があります。メンバーが，「自分は仕事ができる」と実感できるような知識とスキルの獲得を支援しましょう。

　自律性への欲求は，強制されることを避け，自分の行動を自分で選びたいという欲求です。どのような仕事をするかに関する自律性が与えられるときは，できるだけメンバーに仕事の目標や達成の方法を考えてもらいます。仕事のなかには目標が与えられる仕事もあります。その場合は，目標は所与だとしても，目標達成の方法はメンバーに委ねるようにしたり，目標や目標達成の方法について複数の選択肢を示して，メンバーに選択してもらうようにします。

　関係性への欲求は，職場の他者と相互に親密な関係を築くことで帰属感を得たいという欲求です。関係性への欲求は，有能さへの欲求や自律性への欲求の基盤としても機能するもので，職場で孤独を感じることは有能さや自律性への欲求を阻害します。リーダーは，メンバーの内発的動機づけを高めたい場合は，何よりもまずメンバー間の思いやりのある関係性の構築に取り組む必要があります。

第3節　動機づけの古典理論

■ 3-1　欲求段階論

　職場におけるメンバーの動機づけの考え方には，何が動機づけを高めるのかに注目する考え方と，どのように動機づけを高めるのかに注目する考え方があります。前者は欲求論と呼ばれ，給与，目標，価値など動機づけを高める要素に注目します。後者は過程論と呼ばれ，正当な評価や報酬の与え方など，動機づけを高めるプロセスに注目します。

　欲求論の最も基本的な考え方に，マズローの欲求段階説があります。これは，人間の欲求が段階によって構成されており，低次の欲求が満たされるとより高次の欲求を求めるようになるという考え方です。欲求は次の五つの段階で構成されます。

①**生理的欲求**：飲食や睡眠のような，生きていくための基本的な欲求で，最も低次の欲求。
②**安全欲求**：健康や経済的な安定など，安心した生活をするための欲求。
③**社会的欲求**：集団に属したり他者に必要とされたいという欲求。
④**尊厳欲求**：自分が集団のなかで価値がある存在と認められ，尊重されたいという欲求。
⑤**自己実現欲求**：自分の力を活かして創造的な活動をしたいという欲求で，最も高次の欲求。

これらのうち，生理的欲求，安全欲求，社会的欲求は外的な充足を求めるものであり，これらをまとめて低次の欲求と呼びます。一方，尊厳欲求と自己実現欲求は内的な充足を求めるものであり，これらをまとめて高次の欲求と呼びます。一般に，大学で働くメンバーは安全欲求までは満たされていると考えられるため，職場で注目する欲求は，社会的欲求，尊厳欲求，自己実現欲求の三つになります。また，一般に下位の欲求が満たされることで，より上位の欲求を順に欲するようになると考えますが，なかには下位欲求の部分的な充足のみで上位の欲求を求める場合もあります。

　この考え方はわかりやすい反面で，多くの批判もあります。それでもなお，現代のマネジャーに有益な示唆を与えるモデルです。自己実現欲求のような高次の欲求をメンバーが求めるようになるためには，下位の欲求を十分に満たす必要があるということです。今日の大学では，メンバーが取り組む仕事は高度化・複雑化し，その対応に追われがちです。しかし，マネジャーが基本的な欲求の充足に応える対応をしなければ，困難な仕事には挑戦しにくいことを示唆しています。

■ 3-2　二要因論

　欲求段階説は，生存や安全に関する欲求の延長線上に尊厳や自己実現に関する欲求が生じると考えていました。しかし，その後の研究で，職場においては仕事に満足する要因と不満足をもたらす要因が別にあることがわかってきました。これを，ハーズバーグの二要因論や動機づけ・衛生理論と呼びます。

　仕事に満足する要因には，目標の達成，目標達成による賞賛，仕事そのもののおもしろさ，昇任，知識や経験を得る機会などがあり，これらを動機づけ要因と呼びます。不満足をもたらす要因には，組織の方針，細部に至る監督や命令，人間関係の悪さ，労働条件，給与，仕事の危険度などがあり，これらを衛生要因と呼びます。

　二要因論は，これら二つの要因が独立している点が特徴です。たとえば，高い満足を得ると同時に高い不満足を得ている場合や，低い満足を得ると同時に低い不満足を得ている場合があります。表8-2は，これらの関係を示したものです。このモデルが示唆することは，職場での不満足を小さくする取り組みは重要だが，それだけでは満足を大きくすることができないという点です。マネジャーは，不満足を小さくするとともに，満足を大きくする働きかけが求められます。

　今日の大学では有期契約の教員や研究員が増えています。そうした人はアカデミックポストで仕事をすることには高い満足を得ているかもしれませんが，同時に高

表8-2 動機づけ要因と衛生要因の状態の組み合わせ

	低満足	高満足
高不満足	失望感が大きいだけでなく仕事上のモラル低下も招き，多くは組織を離れる。	仕事への動機づけは高いが，不満足度を低くできなければ，短期間で消耗し燃え尽き症候群に陥る。
低不満足	仕事への動機づけが低く，自分や組織の仕事への関心も低いが，不満足も少なく変化を求めない傾向がある。	仕事への動機づけが高く，高い生産性を持続できる。

い不満足も抱えています。そのため，組織への定着や貢献が困難となったり，燃え尽き症候群のような深刻な問題につながることもあります。それでも，アカデミックポストを希望する人は多くいるため，大学は代わりとなる有期契約教員をすぐに探すことができます。そのため，大学は衛生要因の改善を放置するという，大きな倫理的な問題を抱えています。

■ 3-3 期待理論

欲求段階論や二要因論は，何が動機づけを高めるかという要因に注目しますが，過程論では人がどのように動機づけられるのかの認知プロセスに注目します。欲求論では，動機づけの種類を変えることで動機づけの強さや方向を変えられると考えられてきましたが，同じ動機づけでも強く動機づけられる人とそうでない人がいます。そのため，人はどういうときに動機づけられるのかという動機づけに至る過程を理解しようとするのが過程論です。欲求論は，マネジャーに対して動機づけの道具的な有用性を提供するのに対し，過程論はメンバーが動機づけられるメカニズムを理解する視点を提供します。

そのなかでも期待理論は，人間の合理的行動を基盤としてモデル化したわかりやすい考え方です。その考え方は，次のようなものです（Porter and Lawler 1968）。

・仕事に取り組むことで成果が得られるが，その成功確率を期待と呼ぶ。
・仕事の成果は報酬をもたらすが，それがもたらされる確率を道具性と呼ぶ。
・報酬の魅力にはプラスのものからマイナスのものまであり，これを誘意性と呼ぶ。

図8-1はこれらの関係をまとめたものです。

図 8-1 動機づけ期待理論

　この図が意味することは，仕事をうまくやる見込みとそれがもたらす主観的な報酬の魅力は独立であり，これら二つの関係性で個人の行動（動機づけ）が変わるということです。たとえば，学部長としての高い能力があり，任命されれば十分な仕事が見込める人であっても，そのことが研究時間の減少を意味するために魅力的な報酬と考えない人は，学部長就任に対する動機づけは低くなります。逆に，管理職として成功の見込みは低いものの，学部長というポストに魅力を感じている人は高く動機づけられます。

　仕事に成功する確率は，与えられた仕事をうまく遂行できると考えているかという主観的な確率です。たとえば，国際部門での仕事に熱心に取り組もうと考えている職員であっても，与えられた仕事がこれまでの経験が活かせない困難な仕事であると，熱心に取り組むことができません。また，役職者としての仕事に魅力を感じていない教員でも，与えられた仕事の完遂は困難でないと評価すれば，役職者の仕事に一定の努力を投入します。

　期待理論では，メンバーの動機づけはこれら三つの要素の直観的な計算によって決まると考えます。報酬の魅力が低かったり，どちらかの主観的な確率を低く評価すると，メンバーは仕事に対して動機づけを得られません。マネジャーには，メンバーの期待する報酬を理解することが求められると同時に，それらと仕事の関連性や意義の説明や，仕事がうまくできるための知識・技術の提供も求められます。

■ 3-4　公平理論

　期待理論は，自分の期待する報酬に応じた努力を投入すると考えますが，公平理論では，これに加えて他者との比較の視点を取り入れます。多くの人は，自分が得る報酬と自分が投入する努力の比は，他人が得る報酬と他人が導入する努力の比と同じであるべきと考えている状況を想定します。たとえば，自分は多くの努力を投入しているのに，それほど努力を投入していない他人のほうが多くの報酬を得るとき，その人の動機づけは大きく損なわれます。

　この比較は個人の主観で行われます。たとえば，投入には，努力，時間，学歴，職歴，資格，経験などが含まれます。報酬には，給与，昇任，賞賛，表彰，社会的評価，自律性，他者との親睦，自己実現感情などが含まれます。また，比較対象には現在の同僚だけでなく，他組織の人や過去のメンバーが含まれることもあります（Adams 1965）。そのため，マネジャーが介入したり修正したりすることは困難です。しかし，研究者，高度専門職員，幹部候補職員のような，他者との競争がある仕事をしている人の動機づけメカニズムを理解するうえで重要な視点です。

　メンバーが他者との比較で不公平感を感じると，次のような調整を行います。

- ・自分の投入を減らす（仕事の質を落とす）
- ・自分の報酬を変える（昇給や昇任を要求する）
- ・自分の報酬／投入比を認知的に歪める（評価は低いが，この仕事はやりがいのある仕事だと解釈する）
- ・不快な比較をやめる（異動希望を出したり転退職する）
- ・比較対象の報酬／投入比を変える（他者に対してより高い努力を求めたり，低い報酬となる圧力をかける）

　どのような調整を行うかは，メンバーの置かれた状況によります。しかし，一般教職員は，自分の報酬を変えたり他人の報酬・投入を変えることは難しいでしょう。そのため，仕事の質を落としたり他組織へ転出するなど，組織にとって大きな損失につながる可能性のある調整を行います。

　この公平理論はメンバーの不満足を説明するモデルであり，二要因論における衛生要因への配慮に大きな示唆を与えます（Bess and Dee 2008）。たとえば，成功した研究者に大きな報酬を与える制度は衛生要因の改善であるものの，それがメンバーの公平感を高めるか不公平感を高めるかは，メンバーが取り組んでいる仕事内容や組織文化に影響されます。研究の成功は不確実性が高く，同じ投入をしても評価されないと考えれば，この制度は不公平感を高めるかもしれません。また，本部組織に配属された職員にのみ幹部候補トレーニングの機会が与えられるような仕事配分は，ほかの部門の職員の不公平感を高めるでしょう。メンバーの衛生要因の改善は重要ですが，それを効果的なものにするためにはマネジャーによる組織内の仕事に関する深い理解が不可欠です。

これまでみてきた欲求論や過程論による動機づけの説明を統合するものの一つに、職務特性理論があります。具体的には、メンバーが取り組む仕事の特徴と、人間の心理的欲求を関連づける考え方です。この考え方は、メンバーの動機づけを高めるためには、どのような仕事を与えればよいかについての示唆をマネジャーに与えてくれます。

このモデルでは、仕事をする人は誰でも（1）有意義感の実感、（2）責任の実感、（3）結果の理解の三つの心理的状態が充実している必要があると考えます。有意義感の実感は、自分の仕事に意味や価値を感じられる経験をするほど高まります。責任の実感は、取り組む仕事の結果に対して責任を負ったり重要な役割を経験したりするほど高まります。結果の理解は、自分の仕事が組織においていかに効果的であったかを知るほど高まります（Hackman and Oldham 1980）。

では、どのような仕事をすればこれらの心理的状態を高められるのでしょうか。職務特性理論では、特に五つの仕事の特徴が重要と考えます。

①**スキルの多様性**
複数の異なるスキルの組み合わせを求められるような仕事をすることです。単に複雑な仕事を付与するのではなく、メンバーのもつ多様な能力を発揮する機会として仕事を付与します。

②**仕事の完結性**
できるだけ明確な成果が出るまでかかわり続けられるような仕事をすることです。

③**仕事の重要性**
社会や組織内の他者によい影響を与えられる仕事に参加することです。メンバーの取り組む仕事が、ここまでの三つの特徴を備えていると、有意義感の実感につながります。

④**自律性**
仕事の進め方に関する大きな裁量があり、ある程度自由に仕事ができることです。この特徴は、責任の実感を高めることにつながります。

⑤**フィードバック**
自分の仕事が影響を与えた対象からの直接的な情報提供に触れる機会があることです。これは上司や同僚からのフィードバックではなく、教員であれば

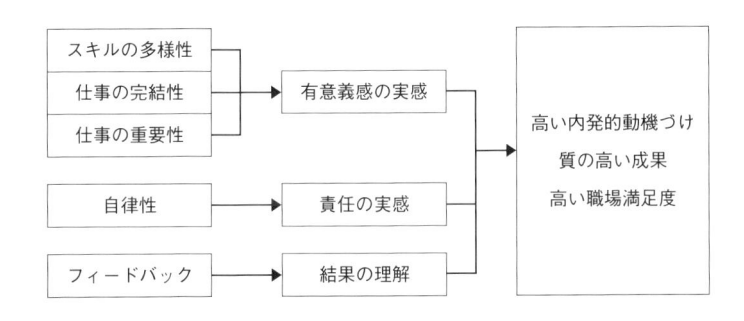

図 8-2　仕事の特徴と心理状態の関係（Hackman and Oldham（1980：78-80）を参考に作成）

学生から，施設部の職員であれば施設を使う学生や教職員から，財政部の職員であれば予算を使う教職員や支払先の関係機関の担当者などからのフィードバックです。この特徴は，結果の理解を高めることにつながります。

図 8-2 は，これらの関係をまとめたものです。こうした特徴が仕事に備わっていると，三つの心理的状態を高めることにつながり，それが高い内発的動機づけ，質の高い成果，高い職場満足度につながります。

マネジャーは部下に仕事を付与する際に，これら五つの特徴を備えられるように仕事を設計する必要があります。ただし，三つの心理的状態は，すべての人が同じように重視するとはかぎりません。メンバーの能力や経験，現在の職位などによって重点が変わります。上司には部下の心理的な欲求を理解して，それに合う仕事の設計が求められます。

第4節　リーダーシップの古典理論

■ 4-1　三つの側面から理解する

リーダーシップを説明する基礎的な理論は，大きく三つの面からリーダーシップを説明してきました（Barrow 1977）。一つめは，観察可能な状態に注目してリーダーシップを記述する理論です。代表的なものとして，個人の備える特徴から説明する特性理論や，変革型・取引型リーダーシップ，カリスマリーダーシップなどがあります。二つめは，行動に注目してリーダーシップを記述する理論です。主に，目標達成行動と人間関係行動のバランスで説明する PM 理論や，これを拡張した 4 要

素理論などがあります。三つめは，個人を取り巻く外的な要因に注目してリーダーシップを記述する理論です。環境が安定的なときと不安定なときに期待される学長の特徴や行動が異なることや，機械的組織と有機的組織では役職者に期待される特徴や行動が異なる，といったことを扱います。ほとんどのリーダーシップに関する理論は，この三つの側面で整理することができます。

(1) 個人の特徴から説明する

特性理論では，リーダーシップの源泉が個人のもつ特性にあると考えます。たとえば，リーダーらしい見た目をもつ人，多くの人が好感をもつ人，リーダーにふさわしい職務経験をもつ人など，個人のもつ特徴がリーダーシップの源泉と考えます。具体的には，次のような側面から効果的なリーダーシップの発揮を説明します。

> ・個人の物理的な特徴：年齢，身長，動き方，声の大きさ，服装など
> ・社会経済的背景：学歴，社会的地位など
> ・知的能力：専門知識，判断力，語彙力など
> ・個人の性格：柔軟，頑固，攻撃的，支配的，情熱的，自信家など

特性理論では，リーダーシップの源泉の多くが生得的であるため，リーダーは育成するものではなく，特性を備えた人を選ぶものになりがちです。

それとは別の考え方に，変革型リーダーシップと取引型リーダーシップの理論があります（Bass 1985）。取引型リーダーシップは，メンバーがもつ衛生要因の欲求に対し，それを満たせる能力や手段をもっていることをリーダーシップの源泉と考えます。たとえば，特定の仕事への貢献に対する褒賞を用いてメンバーと取引するなどです。一方，変革型リーダーシップは，メンバーのもつ動機づけ要因の欲求に対し，それに応えられる能力や手段をもっていることをリーダーシップの源泉と考えます。たとえば，自己実現欲求をもつメンバーに対し，職務上の目標の先にある公益や理念を示したり，メンバーが利己心を超越できるような仕事の意義を揚げてメンバーに接します。変革型リーダーシップは，個人のもつひらめきや発想，知的刺激を与える能力，個人の欲求を考慮する能力で説明する特性理論と理解することもできます。

（2）行動で説明する理論

　リーダーシップを個人の行動で説明する理論の代表的なものの一つは，PM 理論です。これは，効果的なリーダーシップ行動は，メンバーの目標達成を促す行動（Performance function）と集団内の人間関係を維持する行動（Maintenance function）の二つから成り立つと考え，これらの頭文字から PM 理論と呼ばれます。

　目標達成を促す行動には，規則に従うよう指導する，仕事に必要な知識を教える，仕事の計画や手順を伝える，時間内の仕事完了を要求する，新しい問題解決法を示すなどがあります。人間関係を維持する行動には，気軽に話をする，仕事で困ったときに支援する，優れた部下の成果を認める，問題発生時に部下の意見を求める，昇進など将来について気を配る，個人的な悩みに気を配るなどがあります。

　もう一つの代表的な理論は，4 要素理論です（Bowers and Seashore 1966）。これは PM 理論を拡張したもので，効果的なリーダーシップ行動は次の四つで成り立つと考えます。

- ・メンバーへの支援行動：メンバーの自己イメージや職場での自分の価値に気づけるような支援を行う行動。
- ・人間関係行動：集団内のメンバー同士の人間関係を良好なものにする行動。
- ・目標強調行動：メンバーが達成すべき目標や満たすべき質の基準を示して，到達できるように支援する行動。
- ・仕事促進行動：メンバーが取り組む仕事に関して，計画を立てたり仕事の配分を変えることで，円滑に進むよう働きかける行動。

　特性理論はリーダーシップの源泉を生得的と考えていますが，行動理論は，優れた行動を模倣することでリーダーシップの発揮が可能と考える点が特徴です。

（3）外的要因で説明する理論

　リーダーシップを，個人を取り巻く外的な要因で説明する代表的な理論に，小グループ理論があります。これは，職場のどのような単位のグループでも，メンバーに完全な自律性を与えるときと，あらゆる行動をマネジャーが指示するときでは，どちらもメンバーの仕事のパフォーマンスは悪く，適度な統制と柔軟性が必要であるという知見にもとづいています（Brown and Eisenhardt 1997）。すなわち，効果的なリーダーシップは，この適度な統制と柔軟性が保てるような行動であり，個人の

特徴や行動だけではなく外から与えられるものになります。

　二つめの代表的な理論は，リーダーシップ代替論です（Kerr and Jermier 1978）。この理論では，リーダーシップを発揮する行動には，計画立案や仕事の配分のような操作的なリーダーシップと，メンバーの職場での満足度を高めるような支援的なリーダーシップの二つがあると考えます。そして，これらのリーダーの行動はメンバーの行動によって代替されるものがあり，それによってリーダーシップ行動は増幅したり制限されたりすると考えます。

■ 4-2　リーダーシップ状況適応理論

　これらのリーダーシップ理論はリーダーに注目するものですが，どの場面でも有効なリーダーシップがあるという考え方は現実的ではありません。その後の研究で，リーダーシップのスタイルは，フォロワーの成熟度に応じて役割を変える必要があると考えるリーダーシップ状況適応理論が提示されました。Situational Leadership の頭文字から SL 理論と呼ばれることもあります。

　ここでのフォロワーの成熟度は，求められる仕事に対するフォロワーの意思と能力を指します。成熟度が低い段階では具体的な仕事の進め方を提示する働きかけのほうが，フォロワーが安心して影響力を受け入れられます。しかし，成熟度が高く

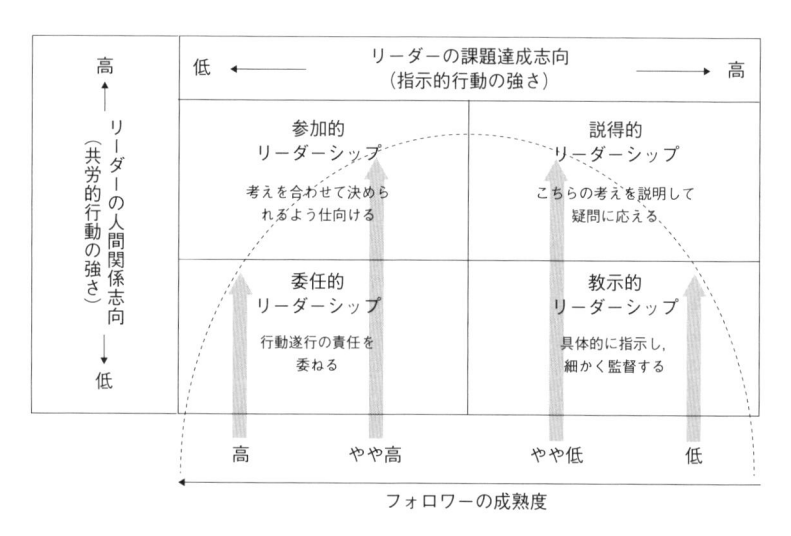

図 8-3　リーダーシップスタイルとフォロワーの成熟度の関係
（Bess and Dee（2008：852-853）を参考に作成）

なるとより自律的な仕事の進め方を提示されるほうが，リーダーの影響力を受け入れやすくなります。

　リーダーシップのスタイルは，リーダーの課題達成志向の強さと人間関係志向の強さを掛け合わせた四つのスタイルにまとめられます。図 8-3 はこれらの関係を示したものです。

第 5 節　協働的リーダーシップ

■ 5-1　プロセスとして理解する

　これまでみてきたリーダーシップは，組織の有効性を高めるためにはどのような行動や働きかけが有効かという点に注目していました。しかし，リーダーシップはリーダーとフォロワーの関係に関する概念であるにもかかわらず，リーダーの視点からしかリーダーシップをとらえていないという欠点があります。すなわち，リーダーシップを理解するためには，フォロワーがリーダーシップを受け入れていくプロセスに注目する必要があります。

　フォロワーは，リーダーシップを含む組織内のさまざまな出来事を，独自の視点で解釈しています。こうした実態を前提とすれば，多様な解釈をもつ個人を共通の目標へ向けて協力するよう促すことが，リーダーの果たすべき役割といえます。こうしたリーダーとフォロワーの関係を，協働的リーダーシップと呼びます（Kezar 2000）。

■ 5-2　リーダーシップの幻想

　経営の危機にある組織において，危機的状況からの脱却を成し遂げた学長は，その卓越したリーダーシップによって危機から救済したと理解されがちです。実際には，外部環境の変化や組織内の複雑な因果関係によって成功がもたらされたとしても，人びとは優れたリーダーシップによるものという先入観をもっていたり，事実の正確な理解の認知的負荷が高すぎるため，そう理解するほうが容易である場合に歪んだ解釈を行なったりすることがあります。これを，リーダーシップの幻想と呼びます（Meindl et al. 1985）。

　リーダーシップの幻想は，規模の大きい変化に対して起きやすい傾向があります。これも，フォロワーによるリーダーシップの解釈の一つです。すなわち，リーダーシップの幻想は，フォロワーの間で社会的な相互作用を通じて構成されるものであるため，リーダーシップを理解するにはフォロワーの認知や解釈のプロセスに注目

する必要があります。

■ 5-3　社会的に構築されるリーダーシップ

　リーダーシップが解釈されるプロセスに注目すると，リーダーシップは組織内の部署や階層を問わず，あらゆるところで発生する現象といえます。すなわち，リーダーシップは特定の個人によって発揮されるものではなく，複数のメンバー間でコミュニケーションや相互作用をとおして生じるものといえます。

　このようにリーダーシップは社会的に構築されるものだという立場に立つと，協働的リーダーシップの重要性が高まります。すなわち，メンバー間で可能なかぎり協働できるような共通目標の設定や仕事の進め方を特定することが重要になります。ただし，協働的リーダーシップが発揮されるには，組織内で権限委譲されていることが必要です（Ferren and Stanton 2004）。

　たとえば，教養教育改革が重要な課題になった際には，その問題に効果的に取り組める教職員が議論に参画し，後に重要な課題が国際連携教育に移った際には，その分野に通じた教職員が職位や職階を問わずに参画できることが必要です。協働的リーダーシップは，組織階層をフラットにし，意思決定をグループで行うような制度変更によって促進することができます。

■ 5-4　組織能力の向上

　協働的リーダーシップは，フォロワーに意思決定や目標設定のプロセスに参画してもらうことで，その多様な解釈を協働可能なものに変換していくプロセスです。そのため，組織の変革やメンバーの成長を促すことができます。大学のように，フォロワーが豊富な知識をもち，自律性を重視する知的労働者で構成される組織では特に重要です。

　一方で，相互信頼が低い組織や，メンバーや部署の役割が不明確な組織では，協働的リーダーシップが効果的に発揮されない可能性があります。また，メンバーに協働するためのスキルや専門性が不足している場合も同様です。もし，メンバーに協働的リーダーシップに必要な知識やスキルが不足している場合や，チームとしての一体感や相互信頼が低い場合は，それらの解決・向上に十分な資源を投じることが先決です。

◆ケーススタディ7：問題を抱えた図書館職員たち

　J大学は，大規模私立大学の一つで，過去10年の間は一貫して志願者が増加しており，大学の帰属収入も増加傾向にあった。しかし，近年，いくつかの理由で執行部は学内の予算削減を進めてきた。一つは，国内の大学志願者数が減少傾向にあり，学生獲得競争がきびしくなっていることである。もう一つは，定員管理の厳格化で，今後はこれまで受け入れてきた学生数は維持できず，入学者数を絞らざるをえないということである。これら二つの要因により，今後は減収に転じることが見込まれている。財務部は早くからこうした事態に対するシミュレーションを進めており，試算では十数億円の減収が見込まれている。消費支出の削減か授業料の値上げをしなければ，これまでと同等の帰属収支差額比率は維持できそうにない。こうした予算削減の圧力は，学内のすべての部署・部局に等しくかかっており，図書館も例外ではない。

　J大学の図書館長であるK教授は，ひどく疲れを感じていた。すでに長時間にわたり，各図書館職員が個人単位で作成した今年度の活動報告書に目を通していたことに加え，各職員から提出された報告書を読んでいると，図書館内に深刻なモラル問題が進行していることに気づいたためだ。図書館はほかの部局に先んじて，3年前から予算が削減されており，3年連続で前年度予算を下回っている。予算削減で閲覧係と調査支援係の契約職員と非常勤職員を半減せざるをえず，これにより，一部の専任職員と契約職員で二つの係の仕事を担当しなければならなかった。

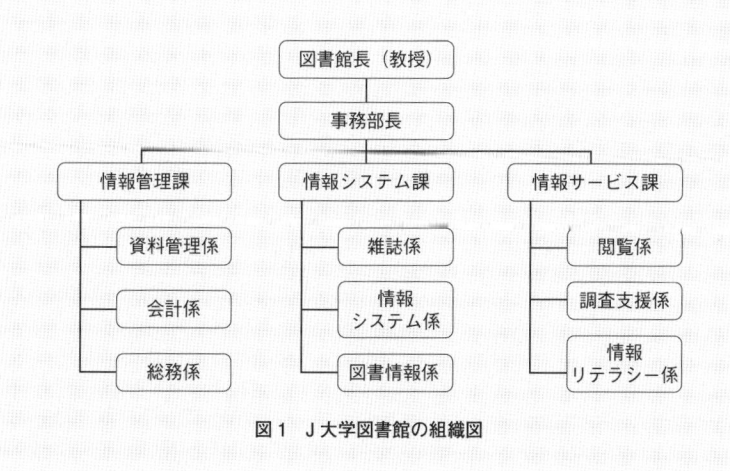

図1　J大学図書館の組織図

スタッフはみな，こうした追加業務は一時的なものであり，長期間にわたって残業が増えた状態が続くとは思っていなかった。しかし，3年も続くこの状態に，職員の不満足が目に見えるようになってきた。仕事の手抜きや放任が見られるようになり，他部局からも図書館の仕事の質に懸念の声が出始めるようになった。

　情報システム課長は，教員から必要な電子ジャーナルが閲覧できないので何とかしてほしいという声を複数の学部から何度も受けている。予算削減と電子ジャーナル価格の高騰という問題もあるが，そもそも人手不足のために，各学部のニーズに応じて購入する電子ジャーナルのリストの作成に取り組めていない。情報システム課長自身は，こうした状況下でも何とか最低限のニーズに応えた雑誌リストづくりができていると評価している。それよりも，ほかの仕事に人員を割くよう指示されている点が問題と考えていた。実は，雑誌係にはとても有能な契約職員が二人おり，専任職員への転換を何としても進めたかったが，このような状況下で自主退職してしまった。また，大学図書館協会が主催する職員研修会にも3年連続でスタッフを派遣できておらず，専門性が高く勉強熱心な図書館職員にはつらい状況である。

　情報サービス課の人手不足は，主に情報システム課の人員で補っていることが多く，情報システム課長からみれば，情報管理課に対して大きな不満を抱いていた。情報管理課も情報サービス課をサポートすべきであるのに，従来どおりの仕事をしているようにしかみえないからだ。こうしたことから，情報システム課長は異動希望を出しており，そのことをはばかることなく公言していた。

　しかし，情報管理課からみれば，情報サービス課内にある情報システム係を快く思っていない。ここは，いわゆるIT部門である。近年，図書館業務は高度なIT化が進んでおり，図書館内でもこの情報システム係のみに，専任職員を含む多くのスタッフが配置されるいびつな人材配置になっていた。実際，情報管理課には4年以上人材の異動がなく，新しい職員の配置も要求しているが，図書館内での優先順位が低いとみられている。また，情報システム係だけは，専門性が高いことと事務室から少し離れたサーバ室の隣にオフィスがあるため，ほかの職員との交流も少ない。こうしたことから，情報システム係の職員たちも，自分たちを図書館職員というよりも，情報部門の職員であると認識する傾向が強かった。

　ところで，情報リテラシー係長は，全国の図書館職員の間でも有名な職員で，図書館主催による学生の学習支援企画を次々と打ち出し，他大学から多くの視察が来る取り組みを進めている。その情報リテラシー係長に，トップクラスの大学から引き抜きが来ているという噂が立っているようだ。K教授は職員の報告書と面談で聞いた話を思い出しながら，何らかの対策を講じなければと考え

ていた。

> ●論　点
>
> ❶図書館職員の間で，仕事の手抜きや放任が見られるようになっていることを，二要因論（ハーズバーグの動機づけ・衛生理論）を用いて説明してください。それに従えば，図書館長はどのような方策を打つべきでしょうか（今後も予算増やスタッフ増は見込めないという前提で考えてください）。
> ❷情報サービス課の支援をしている情報システム課の職員の動機づけは，職務特性論を用いるとどのように説明できるでしょうか。それに従えば，どのように職務特性を変えれば，動機づけを高められるでしょうか。
> ❸情報システム課長が異動を公言していることを，公平理論を用いて説明してください。

09 組織における コンフリクト

第1節　個人に関するコンフリクト

■ 1-1　コンフリクトの単位

コンフリクトはさまざまな単位で発生しますが，その原理は基本的に同じです。一般に，組織に関連して起こるコンフリクトには，次の四つの単位があります（Bess and Dee 2008）。

- ・個人内コンフリクト：価値観の対立，認知的な不調和，心理的な不調によって生じる個人の内面の葛藤
- ・個人間コンフリクト：個人間の相互作用の一つとして妨害，抵抗，攻撃，強制などが起こること
- ・部門内コンフリクト：部門内の個人間や集団間で起こるコンフリクト
- ・部門間コンフリクト（組織内コンフリクト）：異なる部門間で起こるコンフリクト

これらのうち，個人内コンフリクトは，仕事のパフォーマンスの低下につながることが多く，避けることが望ましいコンフリクトです。しかし，その他のコンフリクトは相互作用の一側面であり，避けるべきか否かは状況によって異なります。

■ 1-2　組織役割

メンバーは，それぞれ組織のなかで特定の役割を担っています。その役割には，財政部の職員のような組織で公式に付与される役割と，中途採用職員や自校出身学長のような非公式の役割があります。組織は単にメンバーを集めるだけで成立するわけではなく，メンバーが役割を果たすことで成立します。そのため，メンバーが

期待される役割を果たすことが重要です。このような，個人と組織を連結するために組織内で与えられる役割を，組織役割と呼びます（Beehr and Glazer 2004）。

　組織役割は，個人に大きな影響を与えます。部署を異動したり役職に任命されると，これまでの主張と反対の主張をするようになったという場面を見ることもあるでしょう。組織役割を明確にすればするほど，このような場面が増えます。この背景には，組織役割を明確にすることよるメリットがあるためです（Mintzberg 1983）。

- 境界を明確にすることにつながり，他者に仕事を邪魔されない環境をつくることができる。
- 仕事の標準化を進めることにつながり，個人間の成果の差を小さくできる。
- 成果の見通しを安定化させることにつながり，相互依存的な仕事の質や効率を上げられる。たとえば，学生番号を付与する教務課と職員番号を付与する人事課と情報システム ID を付与する情報課は，役割を明確にすることでこれらを統合することができ，そうすることでほかの仕事の効率を上げることができる。
- 責任の範囲を限定することにつながり，成果が悪いときの責任所在を明確にできる。
- 組織コミットメントを高めることにつながり，個人が権威に従うことを受け入れるようになる。

　これらの特徴から，特に官僚制組織では組織役割を明確にすることが重要になります。一方で，組織役割を明確にすることは，他人の仕事を手助けしない，個人のもつ多様な能力の発揮を妨げるといった短所ももたらします。

■ 1-3　役割コンフリクト
　組織役割は，個人と組織を連結させるうえで重要である一方，個人にとって仕事の不満足の源泉にもなります。特に，役割が個人にとって不本意であるときは，個人のなかで葛藤が起こり，仕事のパフォーマンスを低下させることにつながります。たとえば，ある分野で専門性を高めたいと思い仕事を通じて研鑽を重ねていた職員が，それまでと無関係な部署へ異動する場合に，役割を不本意と感じる場合があります。このように，役割の送り手と受け手の間で生じるコンフリクトを，役割コンフリクトと呼びます（Rizzo et al. 1970）。

　大学は，あいまいな役割が多いことも特徴の一つです。たとえば，学部長は組織図上の役職者でありながら実際は教員集団の代表である大学は多いでしょう。学部長任命にあたって選抜試験をしたり任用基準を定めている大学は少なく，トップが期待する役割も学部メンバーが期待する役割も明確ではありません。また，職員の専門性を高める必要性が指摘されていますが，組織が関連資格の取得を支援することは少なく，組織から期待される役割は明確ではありません。そのため，銀行員や医薬情報担当者など，ほかの多くの仕事でみられるスペシャリストとしての専門性なのか，ジェネラリストとして多様な意思決定を経験し，将来の経営幹部候補者としての専門性が期待されているのかがわからず，役割に葛藤を感じる場合があります。

■ 1-4　役割コンフリクトのタイプ

　役割コンフリクトは，メンバーの仕事のパフォーマンスを大きく低下させ，仕事上のミスや退職の可能性を高めるため，できるだけ避けることが望ましいでしょう。その際には，マネジャーが基本的な役割コンフリクトのタイプを知っておくことが有用です。役割コンフリクトには，次の四つのタイプがあります（Rizzo et al. 1970）。

・**個人・役割間コンフリクト**：組織から与えられる役割と個人が考える役割が不整合であったり矛盾していたりする。
・**役割付与者間コンフリクト**：複数の役割付与者から与えられた役割が不整合であったり矛盾していたりする。
・**役割付与者内コンフリクト**：一人の役割付与者が不整合であったり矛盾していたりする複数の役割を付与する。
・**役割内コンフリクト**：与えられる役割が多すぎたり高度すぎたりするためにすべての役割を果たせなくなる。

　第一のタイプは，個人・役割間コンフリクトです。組織から与えられる役割と個人が考える役割が不整合であったり矛盾していたりする場合に起こるもので，価値矛盾型コンフリクトともいえます。たとえば，大学は軍事関連研究に関与すべきでないと考えている教職員が，そうした研究にかかわる仕事を命じられたり，自分の仕事は研究であると考えている教員が，研究よりも教育を重視してくださいと言われたりする場面で起こります。このコンフリクトを避けるには，メンバーの仕事に

関する考えをマネジャーがよく知っている必要があります。また，入職時に，保護者や企業との面談や，全学的な仕事に参加してもらうなど，組織にコミットする仕事の機会を多く設けることで緩和できる可能性があります。

　第二のタイプは，役割付与者間コンフリクトです。複数の役割付与者から与えられる役割が不整合であったり矛盾していたりする場合に起こるもので，コミュニケーション不足型コンフリクトともいえます。大学は学内兼務やプロジェクトなどマトリックス組織型の仕事が多い組織ですが，それぞれを統括する責任者間での調整やコミュニケーションは軽視されがちです。たとえば，教育改善のプロジェクトに参加する教員は，教育担当副学長からアクティブラーニングを進める仕事を期待される一方，学部内では学部長から英語による講義の充実を期待されることがあります。マトリックス組織型の仕事では，組織階層の上位の教職員の間で仕事全体の調整が十分に行われなければ，役割付与者間コンフリクトによるパフォーマンス低下が深刻になります。

　第三のタイプは，役割付与者内コンフリクトです。一人の役割付与者が不整合な，あるいは矛盾する複数の役割を付与した結果，役割バランスが崩れる場合に起こるもので，放任・無責任型コンフリクトともいえます。たとえば，学部長から「事前に公表したシラバスの計画を変更しないでください」という通知と，「学生の学習状況に合わせた柔軟な指導をしてください」というメッセージを受け取ったり，事務局長から「大学イノベーション人材としての職員を期待する」というメッセージと，「規程に沿わない運用や処理が多すぎる」という指摘を受けたりすることなどがあげられます。これらは本質的に矛盾するものではありません。しかし，抽象的な原理が具体的な指示に変換されないまま役割付与者から部下へ伝達されるため，部下の間で複数の役割の優先順位や重要度をめぐる混乱が起こります。マネジャーは，受け取ったメッセージを部下に丸投げするのではなく，原理にもとづいた仕事に変換して部下へ伝える役割を果たす必要があります。

　第四のタイプは，役割内コンフリクトです。与えられた役割が多すぎたり高度すぎたりするために，すべての役割を果たせなくなる場合に起こるもので，時間不足・能力不足型コンフリクトともいえます。たとえば，インターンシップ教育が専門の教員に対して，学内で開講されるインターンシップ科目の統括，新たなインターンシップの開拓，学内の他教員への支援，新たにインターンシップを科目として取り入れる学部の支援など，過大な依頼が重なる状況が考えられます。第三のタイプと同様に，役割付与者が仕事全体の調整ができていない場合や，仕事に必要な能

力に注目しない場合に起こりやすくなります。

（A）個人・役割間コンフリクト（価値矛盾型）

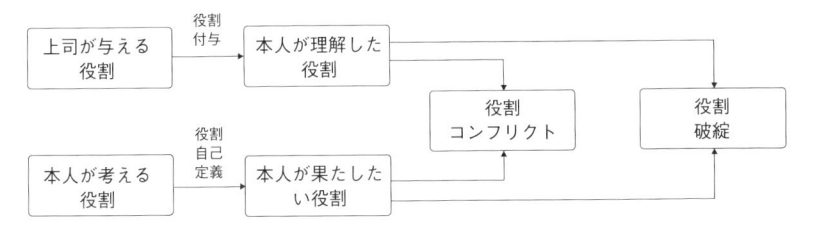

（B）役割付与者間コンフリクト（コミュニケーション不足型）

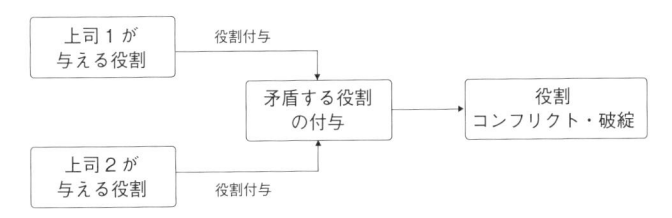

（C）役割付与者内コンフリクト（放任・無責任型）

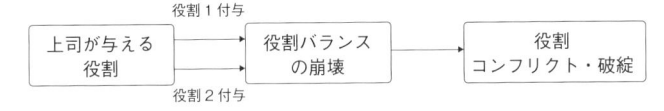

（D）役割内コンフリクト（時間・能力不足型）

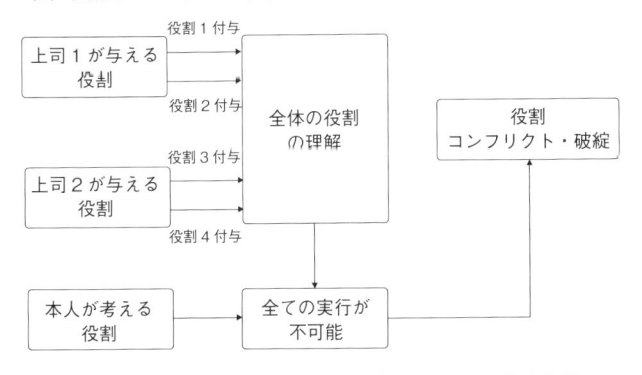

図9-1　四つの役割コンフリクト（筆者作成）

第2節　組織内コンフリクトの源泉

■ 2-1　個人と集団の関係

　個人間で起こるコンフリクトの原因には，(1) 興味や関心の違いによるもの，(2) 共有した目標の解釈など理解の違いによるもの，(3) 価値観の違いによるものの三つがあります (Druckman 1993)。これら三つの面で多様なメンバーをグループに受け入れると，グループ内でのコンフリクトは増えますが，組織内でのコンフリクトは少なくなります。一方，グループが同質的なメンバーで構成されていると，グループ内のコンフリクトは少なくなります。ただし，グループ間で多様性がある場合は，グループ間でのコンフリクトが増えます。グループ内でもグループ間でもメンバーが同質的である場合，組織全体でコンフリクトは少なくなりますが，イノベーションが起こりにくく環境変化への適応能力が低くなります。

　トップマネジャーはグループ間でのコンフリクトが少なくなることを，グループのマネジャーはグループ内のコンフリクトが少なくなることを望むでしょう。たしかに，これらはマネジャーの仕事を容易にするかもしれませんが，組織にとって必ずしも望ましいとはかぎりません。なぜなら，適度なコンフリクトであれば，かえって個人やグループのパフォーマンスを高める効果があるためです。

■ 2-2　適度なコンフリクト

　コンフリクトが，組織の環境への適応を促進し，組織の有効性を高めるのであれば，マネジャーの役割はコンフリクトを避けるのではなく適切に管理することにあるといえます。適度なコンフリクトは，部門内に適度な一体感・協力関係・生産性をもたらすため，組織の成果を高めることにつながるためです (Brown 1983)。すなわち，コンフリクトは，少なすぎると組織を停滞させ，深刻になりすぎると組織の活動に悪影響をもたらします。この関係をまとめたものが図 9-2 です。

　そのため，マネジャーにはコンフリクトが少ないときは増やし，多いときは減らす役割が求められます。表 9-1 は，一般的なコンフリクトのコントロールの方法をまとめたものです。

■ 2-3　オープンとクローズの違い

　多くの人が，学内におけるコンフリクトを経験しているでしょう。コンフリクトは相互作用の一種であり，組織内の複数の集団間に生じる対立的な関係です。コン

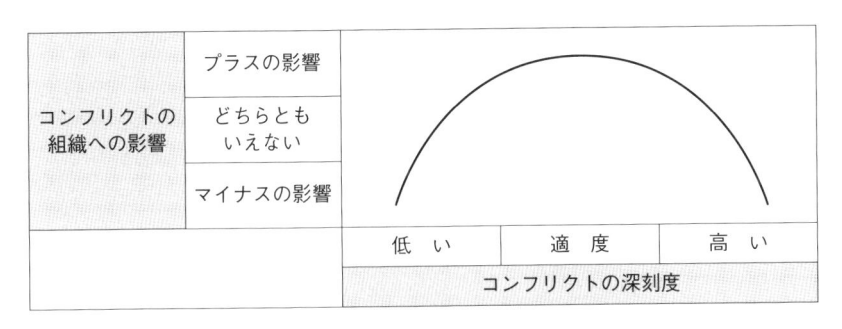

図 9-2　適度なコンフリクト（Brown（1983：8）を参考に作成）

表 9-1　コンフリクトのコントロール（Hatch（2013：253-254）を参考に作成）

コンフリクトを減らす	コンフリクトを増やす
・当事者間の物理的な隔離や資源の増配分を行う。 ・より上位の目標を設定したり共有する。 ・当事者間の類似点・共通点に目を向けて強調する。 ・マネジャーのもとで交渉する機会をつくる。 ・より上位の権威に問題を理解してもらう裁定してもらう。	・抑制されたコンフリクトを表面化させる。 ・コンフリクトのロールモデルを示す（不同意のうまい表明の仕方を見せる）。 ・すでにあるコミュニケーションのルートを変える。 ・意図的に情報を隠したり，あいまいなメッセージを流す。 ・コミュニケーションの量を必要以上に増やす。 ・下位部署の活動や成果に差別を行う。 ・既存の支配構造を否定する。

フリクトはあまり望ましいものではないと思うかもしれませんが，個人内のコンフリクトと異なり，個人間や集団間のコンフリクトの考え方は前提とする組織の見方によって異なります。具体的には，組織をクローズシステムととらえるか，オープンシステムととらえるかで異なります。前者は，環境との相互作用を考慮しない組織を考えるものです。

　クローズシステムでは，組織内のコンフリクトを調整の失敗と考えます（Bess and Dee 2008）。コンフリクトがなければより効率的に組織が運営できると考えることから，できるだけ避けるべきものになります。それに対して，オープンシステムでは，環境の変化への対応の差が，コンフリクトという形で表面化したものと考えます。たとえば，政府からの資金の減少や新たな法令の適用など，大きな環境変化が

起こると組織はそれに対応する必要が生じます。しかし，すべての部門が同じスピードで対応できるとはかぎりません。この組織内の対応のスピードの違いがコンフリクトとして現れます。この場合のコンフリクトは組織の失敗ではなく，環境への素早い適応につながる健全な行動としてとらえられます。また，環境が変化する以上，コンフリクトは避けられないものであり，活用すべきものと考えられます。

■ 2-4　コンフリクトの源泉

　組織をオープンシステムと考えると，環境が変化するかぎりコンフリクトは避けられません。環境変化が生み出すコンフリクトの原因には，大きく三つあります（Bess and Dee 2008）。第一に，組織内の各部門の変化への対応速度の違いです。たとえば，社会からの要請として，カリキュラムにリーダーシップ教育やコミュニケーション教育などのソフトスキル教育を取り入れるべきであるという要請が高まっている状況を考えてみます。こうした対応は重要だと考えてカリキュラムの改善に取り組む学部もあれば，そのような学外の変化に気づけない学部もあります。こうした変化の必要性への認知能力の違いや，改善を実行する能力の違いが，学部間のコンフリクトの原因となります。

　第二に，組織内の各部門間の環境解釈の違いです。たとえば，社会からのソフトスキル教育の要請について，ある部門はそうしたスキル育成のための科目を新設しなければならないと考える一方，別の部門は，インターンシップなどの単位化でなければ対応できないと考えるかもしれません。さらに別の部門は，専門教育でのゼミや研究室指導の拡充こそが必要と考えるかもしれません。環境変化は，組織内のすべての部門が同じように解釈するとはかぎらず，異なる解釈がコンフリクトの原因となります。

　第三に，組織内にある部分最適化傾向です。たとえば，政策の一環として新任教職員への研修が義務づけられた状況を考えてみます。この影響は大学全体に及びますが，大学内の各部門はすぐに対応できません。組織が専門性で分断されていると，それぞれの部門内は自分たちにとって効率的な仕事の分担や進め方をもっており，大学全体の最適化よりも部署の最適化を優先するためです。そのため，「こうした研修は総務部が担当するべきだ」「うちではなく教育開発機構が担当するべきだ」など，自分たちの最適化を守るためのコンフリクトが起こります。

▐ 2-5 構造面に現れるコンフリクト

コンフリクトの源泉からもわかるように，環境変化が組織内でコンフリクトとして現れやすい場所は，学部間や部署間のような組織構造のコンフリクトです。大学における組織構造のコンフリクトは，(1) 目標に関するコンフリクト，(2) 目標の達成方法に関するコンフリクト，(3) 問題解決に関するコンフリクトの三つである場合が多い傾向にあります（Bess and Dee 2008）。

目標に関するコンフリクトは，個人や部署の目標が互いに異なっていたり調整できなかったりするような状態を指します。たとえば，教育目標に関して，ある学部は専門分野重視である一方，別の学部は汎用的スキルを重視する，などです。目標達成方法に関するコンフリクトは，大学が社会からのソフトスキル教育の要請に応えることを考える際に，学部によってカリキュラムの再編，教授法の変更，組織構造の新設や統廃合などを提案する場合があたります。問題解決に関するコンフリクトは，先の二つのコンフリクトが生じた際に，どのようなアプローチでの解決を好むかの違いによって生じます。具体的には，トップによる裁定，専門家を集めた委員会での決定，規程やルールの制定による解決，教職員による投票での決定などの違いがあります。

大学は教員，事務職員，専門職員など，異なる仕事経験をもつメンバーで構成され，また，教員間では部署異動がほとんどないため，仕事に関する経験や考え方を相互に知る機会が少ない組織です。そのため，大学はこれらのコンフリクトが起こりやすく，また，同じようなコンフリクトが時間をおいて繰り返される傾向があります。これに対応するには，大学では環境変化に関する部門横断の勉強会や意見交換会をもてることが重要です。大学には委員会やプロジェクトのような部門横断型の組織が多数ありますが，その多くは問題解決や目標達成を重視しすぎるために，互いのコンフリクトそのものを検討する時間が限られています。

第3節 コンフリクトの過程に注目する

▐ 3-1 コンフリクトの5段階

通常，コンフリクトは何らかの意思決定をする過程で生じます。そのため，コンフリクトを見過ごすと意思決定を歪めたり壊すことにもつながります。マネジャーにはコンフリクトを適度な深刻度に保ち，仕事のパフォーマンスを高める役割が期待されます。そのためには，コンフリクトが発生し，発展する過程についての理解

が欠かせません。

　コンフリクトの過程に注目することは，コンフリクトをより深く理解することにもつながります。通常，コンフリクトは時間が進むにつれてより深刻に，より複雑になる傾向があります。たとえば，目標に関するコンフリクトで発生したものが，時間の経過とともに目標の達成方法に関するコンフリクトも加わるといったことが頻繁に起こります。

　一般にコンフリクトが発展する過程には，五つの段階があり，それぞれ次のとおりです（McCaffery 2004）。

①不満の段階
②問題の概念化の段階
③行動計画の段階
④相互作用の段階
⑤成果の段階

　コンフリクトは，当事者の感情的な不満の認知から始まります。不満の発現は構造面に現れるコンフリクトと関連しており，（1）目標にもとづく不満，（2）手段にもとづく不満，（3）あいまいさにもとづく不満の三つの不満に分けられます。目標にもとづく不満は，ある目標の設定や達成が，自分たちの自律性を阻害したり，他部門に利益をもたらすと認識されたときに生じます。手段にもとづく不満は，目標の達成を他部門やマネジャーが阻害したり，必要な資源が提供されないという認識によって生じます。あいまいさにもとづく不満は，問題解決の方法が不明確であるときに生まれます。特に，大学の場合，誰が中心になって決めるのか，どこで決定するのかがあいまいな組織です。かといって，これを問題として意思決定ルートを一本化したり明確にすると，それが新たな不満を生むことにもなります。

■ 3-2　問題の概念化

　組織のメンバーや部門がコンフリクトによる不満を認知すると，その原因や帰結を定義したいという欲求が生じます。これがコンフリクトの二つめの段階，すなわち問題の概念化の段階です。問題の概念化は，（1）問題の定義と，（2）利得の計算という二つのステップで行われます。

　問題の定義は，不満をもたらしている問題の主要な原因を当事者が主観的に特定

することを指します。たとえば，大学予算の継続的な低下により，全学で退職教員の補充人事を凍結する案が出された場面を考えてみます。この提案を受けて，学部長は学部内の二つの学科から出されている教員補充の要望について，当面凍結することを伝えます。これは学科の教員に不満をもたらすと同時に，その主要な原因として学部長による不公正な人事が行われる準備と定義されるかもしれません。一方，学部長はこの問題を資源配分の問題と考えているかもしれません。すなわち，後任を補充する，科目担当の非常勤講師を採用する，カリキュラムを変更して新しい分野の教員を補充するなど，教育目標と使える資源のバランスのなかで，複数の選択肢を検討する問題と定義することです。

　問題を定義すると，次に利得の計算を行います。これは，コンフリクトの帰結として当事者間でどのような満足や利益があるかを主観的に特定することです。多くの場合，この利得計算は，次のような四つのパターンのいずれかになります。

- **・一者の総取り**：教室の優先割り当て，競争的資金や概算要求の学内申請優先順位など
- **・ゼロサム**：予算やポストの配分など
- **・不確定・不明確**：教員採用の人事委員会で，理論家を採用したい教員グループと実務家を採用したい教員グループのコンフリクトなど
- **・解決不能**：上の例で，どちらのグループにも合致する応募者がいなかった場合など

　これらの概念化は，認知的な概念化というよりも情緒的なものです。時間をかけて行われるものではなく，追加的な情報を得たりコンフリクトの相手側とのコミュニケーションを通じて，流動的に変化します。

▉ 3-3　行動計画の段階

　コンフリクトの当事者は，概念化した内容を前提として，どのような解決志向をもつかを決めます。この際に，(1) どの程度自分や自部門の利害にこだわるか，(2) どの程度相手の利害に関心をもつかという大きく二つの軸に沿って自分の行動を決める傾向があります。これら二つの重視の度合いによって，当事者の基本的な行動計画は図9-3のような，協調，競争，妥協，和解，回避の五つにまとめられます (Thomas 1976)。

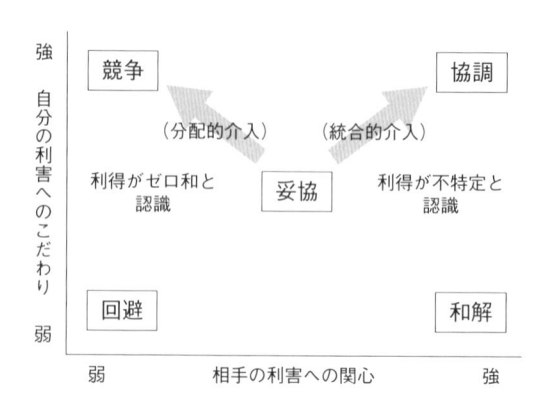

図9-3　コンフリクト当事者の行動計画（Thomas（1976：900）を参考に作成）

　組織にとって望ましい行動計画は協働ですが，不満の認知から行動計画までの段階は，コンフリクトの当事者の内面で行われ，常に協働の行動計画がとられるとはかぎりません。一般に，概念化段階の利得計算をゼロサムと考えている当事者は，相手の利害への関心を低くします。一方で，利得の配分の変更の余地や，当初想定されなかった利得が生まれる余地がある場合は，相手の利害への関心が高くなります。たとえば，ある競争的資金への学内応募順位は低くなる代わりに，別の公募への優先順位を高くできることが明らかになる場合などです。

　また，自分の利害へのこだわりは，その問題の主観的な重要性が高いほど高くなり，コンフリクトの相手がもつパワーが大きいほど低くなります。組織階層の上下間でのコンフリクトでは上位者のパワーが大きいため，協働の行動計画がとりにくくなることにマネジャーは注意する必要があります。

■ 3-4　相互作用と成果の段階

　コンフリクトの当事者は行動計画を前提に相互作用の段階へ進みます。概念化までの段階は当事者の内面で行われますが，相互作用段階はマネジャーが介入できる段階です。メンバーの行動計画を前提にすると，マネジャーにはコンフリクトの当事者間がよりよい関係をつくるとともに，衝突している問題を双方に共通する大きな問題として再設定する働きかけが求められます。すなわち，双方の関心が，組織全体の目標や問題解決にどう貢献するかを共有できるよう，両者のコミュニケーシ

ョンを促します。

　相互作用の段階は，コンフリクトを組織的に問題解決する段階です。コンフリクトを望ましくないものと考えると，問題の無視，先送り，隠匿，放置がされます。これらはマネジャーが必ず避けなければならないことです。また，問題を置き換えたり代替案の提示をマネジャーから行なったり，過度の単純化やコミュニケーション情報の歪曲をしたりしないようにします。マネジャーは，双方から新しいアイディアを出しやすくし，目の前の問題と共有された組織の目標との関連性に気づけることに集中します。

　相互作用段階を適切にマネジメントできると，コンフリクトの成果は組織内の対立を和らげるだけでなく，仕事への動機づけを高めることができます。また，長期的にはコンフリクトの当事者に対して，組織的な問題への対応力を高めたり，仕事上の探究心を高めることにもつながります。一方で，マネジャーが相互作用段階に適切に介入できなければ，組織に長期的・永続的な問題を残すことにつながります。部門間のコンフリクトだけでなく，組織階層の上下間のコンフリクトでは，当事者と介入者の二つの役割がマネジャーに求められるため，コンフリクト過程への深い理解が必要です。

◆ケーススタディ**8**：インターンシップ先をめぐる対立

　Ａ大学は文理6学部を擁する中規模私立総合大学である。Ａ大学にあるキャリアセンターは学生の就職支援とインターンシップを担当しているが，極めて活発な活動を行なっているとの評判で他大学からの視察が絶えない。具体的には，半年間で1–3社を経験し給与も支給される長期型インターンシッププログラムを展開し，地域のニーズとキャリア教育のニーズをマッチさせた取り組みを行なっている。キャリアセンターの職員は，地域の商工会議所と連携して多くの企業とインターンシップ協定を結んできた。その実績から，近年は上場企業を含む地元の大企業も数社参加する規模に成長している。

　しかし，こうした実績に対して，キャリアセンターの人員は必ずしも十分とはいえない。協定は1–3年おきに見直しが必要なため，インターンシップ協定を維持するには，大学と企業の双方が過去の問題を改善し，より学生が成長できる職業経験の提供を設計する必要がある。しかし，スタッフの多くは，学生の個別就職面談や指導に大きく時間をとられており，教員や企業の担当者との議論が必要となる協定業務に手が回っていない。こうしたことが災いし，最近はこれまで高く評価されてきたインターンシップ先がなくなることもあり，学生は大学を通さず自分で学外のインターンシッププログラムに申し込むなどの動きも出てきた。

　インターンシップに多くの学生が参加する経営学部は，こうした問題に対応するために，4年前に大手民間企業から転籍してきたＱ教授を新学部長として選出した。同時に，Ｑ教授は経営学部のインターンシッププログラム見直しの責任者にもなった。しかし，キャリアセンター長のＲ教授（心理学部教授）は，インターンシップ先の開拓はキャリアセンターが専門的に行うものであると考えていた。実際のところ，地元企業と顔の見える直接的な関係をもっているのはキャリアセンターの職員であり，Ｑ教授が開拓を進めようとしている企業も，キャリアセンターの職員が接点をもっていた。

　こうしたなかで，ある小規模企業Ｓ社との新たな協定締結をきっかけに，Ｑ学部長とＲセンター長の対立が表面化することになった。Ｓ社は技術力が世界から評価されている強みと，若者の育成に理解のある社長のいる会社である。しかし，経営学部の学生は2年前から提携を始めた大企業に興味があり，多くの学生が大企業でのインターンシップに参加している。経営学部としては，これを将来強みとして売り出したいという意向があるようだ。協定はセンターが実務的な調整を行い，各学部長と会社の間で取り交わす。すべての学部が参加するとはかぎらないが，センターでは学生のためには多くの学部が参加する協定にしたいと考えている。

Q：私はその協定にサインしませんよ。たとえ，ほかの学部長がしたとしても。そもそも，センターが協定の交渉をする権限があるというのがおかしいのではないでしょうか。学部のカリキュラムのもとでインターンシップは設計するものでしょう。

R：率直に言って，その発言にがっかりしました。センターはもう15年以上もインターンシップの開拓を進めてきた経験があります。あなたが来られるずっと前からですよ。今の長期報酬型インターンシップも，その実績の上にわれわれと地元企業の努力で成り立ったものです。センターのスタッフはS社と緊密なコミュニケーションをとっていて，学生が大きく成長できる教育プログラムを提供してくれる見込みです。実際，そちらの会計学科の先生もセンターの職員やS社と連携して，教育や研究を行なっている実績がありますよ。

Q：うん，会計学科の先生方は私もよく知っているよ。でも彼らはこの協定を必ずしも評価しているとはいえませんよ。本気で協定を進めるならS社の特色に合わせてカリキュラムを大きく見直す必要があります。でもそういうことはできないでしょう。それに，うちはすでに複数の大企業と良好な学生派遣関係を維持しています。今さらS社と提携する必要はないでしょう。

R：学内のカリキュラム変更は軽微なもので済みますよ。S社は大企業のようなお客さん扱いの就業経験とは違って，本物のビジネス経験を提供してくれます。そのうえ，うちの教員がS社ともよい関係をもっているなら，これは双方にとってWIN-WINでしょう。

Q：うーん，私も会計学科長もこの協定を望んでいないと思いますけどね。

　これに対してR教授はぶっきらぼうに答えた――「まあ，この話は，あなたが学部長に就任以降，初めてきた筋のいい協定ですよ。あなたも学科長にも理解できないと思いますけどね」。

　Q教授が「わかりました，もうこの話は終わりにしましょう。私は一度副学長と相談します」と答えると，会議室を後にしてまっすぐ副学長のところへ向かった。R教授もQ教授に対して「それなら私からも副学長に報告しておきます」と告げると，オフィスへ戻りQ教授の問題行動を訴えるべく副学長へメールした。

　Q教授は，T副学長にこう語った。「Rさんみたいな短気な人とは一緒に仕事できません。彼はこの件で副学長に相談する筋合いでもないのに。彼にはこの問題の解決はできないし，この件で副学長もRさんのことがよくわかったでしょう」。

　T副学長は，次のように応じた。

T：なんとかこの問題を解決しましょう。私の理解では，この問題は二人の

問題ではなく組織的な問題だと思います。もう少し詳しい情報が必要なので，今週末にもう一度会いましょう。そのときには，キャリアセンターの職員にも同席してもらいましょう。

Q：私は，Rさんや職員が同席するのはいやです。

T：うーん，でもこの件では同席してもらうほうがいいと思いますけどね。この件は人の問題ではなく，はじめの段階ですべての問題をテーブルにあげてから議論を始めないといけないと思います。

Q教授が副学長室を出た後，T副学長はR教授に電話した。

T：メールを見ましたよ。S社との協定はいいアイディアと思います。経営学部の先生方もこの協定は支持するでしょう。S社との協定は他学部の学生にとっても有益です。ただ，学部長の言うことにも一理あります。たしかに，インターンシップは経営学部だけのプログラムではないですが，カリキュラムへの影響が大きい経営学部を無視することもできません。RさんはQさんを蚊帳の外の置いてしまいましたね。

R：副学長も，この新プログラムを何年もかけて進めてきたのをご存じでしょう。そのようななかで，あなたはQさんのような意見を聞くんですか。Qさんは学部長になってからどんなことにも口を挟んできますよ。学科長も，Qさんを嫌う人が辞任して，結局言うことを聞く人だけが今の学科長じゃないですか。Qさんは単に下に命令しているだけで，あのやり方は正しくないです。

T：ちょっと待ってください。今のはかなり強い意見ですが，この問題については誰かを責めれば解決する問題ではありません。私も一度学科長の意向を聞いてみたいので，少し時間をください。

R：学科長たちは役に立たないですよ。経営学部の先生にも，協定プログラムを進めたい教員，教室での学習を充実させたい教員，研究に力を入れたい教員などいろいろな教員がいますし。

T：私も一度話をしてみますよ。でも，学科長をそのように言うのはやめましょう。学科長は大学内の正式な役職の一つです。R先生もお立場を考えて，お互いの立場を尊重してください。

その後，副学長は学科長や社会学の教員と意見交換し，Q教授とR教授と会うこととなった。

T：会計学科長と話をしましたが，S社との協定のことは詳しく知らないようでした。ただ，よく話を聞いてみると，カリキュラムの変更は学科長が考える以上に小幅なもので済みそうです。S社が質の高いインターンシッププログラムの推進のために，本学と共同でマーケティングキャンペーンをしたい

と思っていることなどを知りませんでした。逆に学科長はカリキュラムを変更することで，すでに確立している大企業との連携で，うちが中小企業寄りと思われて，将来の継続に影響しないかを心配していました。

R：わかりました。S社担当のセンター職員を一人派遣するので，新しく設置する科目とどう内容をすり合わせるかを確認してみます。

T：いいえ，それはだめです。今後は新しいチームを立ち上げて，そこで意思決定しながら企業との提携を進めてもらいます。チームは学部長を長として，キャリアセンターのセンター長・職員数名と学科長とで構成してもらいます。カリキュラムの責任者と企業提携先と協働している人の間で，明確なコミュニケーションを行うためです。

その後，最初のチームミーティングが開かれることになり，Q教授はこう切り出した。

Q：R先生，S社との協定について，以前話したことについてお詫びします。結論に至るまでに十分な情報を得ておくべきでした。この協定はうちの学生にとって，とてもよい構想です。今後は，R先生とセンター職員の仕事を，敬意をもって見守りたいと思います。

R：私も，なぜQ先生や学科長にとって情報提供が重要なのかがよく理解できました。関係者が大筋で合意していないと，センターで維持できない協定はすべて取りやめになってしまいます。これは学生にとても不幸なことです。

Q：ええ，さっそくチームの次回のスケジュールを決めましょう。ほかに議題はありますか？

●論　点

❶ Q学部長とRセンター長の行動を，コンフリクトの5段階に沿って分析してください。

❷ 副学長はどの程度両者のやりとりを促進したといえるでしょうか。またそれは，より統合的な介入であったといえるでしょうか。

❸ このコンフリクトによる長期的な成果は何でしょうか。副学長のコンフリクトマネジメントのアプローチは，将来のコンフリクトに対して組織の対応力を上げたといえるでしょうか，それとも将来，より複雑なコンフリクトを起こす可能性を高めたといえるでしょうか。

10 組織学習

第1節　組織学習の考え方

■ 1-1　個人の学習と組織の学習

　多くの人は，仕事を経験するなかで以前よりも新しい知識が増えたり，より効率的に仕事を進められるようになったりしたという経験をもっているでしょう。たとえば，自己点検評価のとりまとめを担当する教職員は，1回目よりも2回目のほうが，必要なデータや報告書に不可欠な記述についての知識が増え，より質の高い報告書がつくれるでしょう。このように，個人が身につけた学習成果が，組織の成果の向上につながっている例は多数みられます。

　では，もしもこの個人がほかの組織に移った場合，組織の成果は以前の水準に下がるのでしょうか。個人の学んだ成果がほかのメンバーと共有されるとともに，学内の制度，手続き，組織構造，文化，中期計画などに埋め込まれているなら，個人の学習は組織の学習として蓄積されます。たとえば，全学の自己点検評価の前提となる学部単位の自己点検評価において，2回目の取り組みでは事前に定めた報告書の様式に沿って作成してもらうとともに，毎年集めておくデータの項目を既存の報告データの項目に追加することで自動化し，遺漏を回避できます。このように，個人の学習がほかのメンバーと共有され，組織の活動に埋め込まれていくことを組織学習と呼びます（Vera et al. 2011）。

■ 1-2　組織学習のプロセス

　組織学習のプロセスを理解するうえで有用なモデルの一つに，組織学習サイクルがあります（March and Olsen 1975）。これは，個人，組織，環境の三つのレベルでの相互作用を考えることで，組織学習のプロセスを統合的に説明できるモデルで，図10-1 のようにまとめられます。

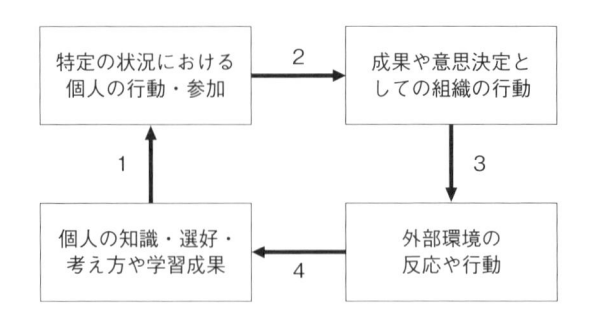

図10-1 **組織学習サイクル**（March and Olsen（1975：150）を参考に作成）

　たとえば，自分たちの取り組みが学外でどのように評価されるかという反応をみることは，個人の新しい知識や考え方の獲得を促します（4）。そうした学習成果は，個人の新しい取り組みや提案という形で行動の変化に反映されます（1）。組織内の個人のさまざまな提案や行動は，組織としての意思決定や行動に反映されます（2）。組織が意思決定に沿ってとる行動は，優れた成果につながったり学外からの評価が高まったりするなど，環境のなかで評価されます（3）。高い評価を得た取り組みは，より質を高める方法についての個人の学習を促し，高い評価を得られなかった取り組みは，改善方法についての個人の学習を促します（4）。

　この組織学習のプロセスは，個人による経験学習を前提にしています。経験学習では，メンバーが自分の具体的な仕事経験を多様な観点から振り返り，経験を教訓や理論として抽象化します。その学習成果を新しい仕事で活用し，教訓や理論の妥当性を検証したり修正したりすることで，新しい知識の創出とより高い仕事の成果の循環を進めるプロセスです。

■ 1-3　学習サイクルの阻害要因

　組織学習サイクルが機能すると，組織はよりよい仕事の進め方や新しい仕事を生み出すとともに，高い成果を出せます。しかし，多くの人がこうしたサイクルの難しさを感じているのではないでしょうか。組織には学習サイクルを阻害する要因もあるため，これらに対応できなければ，組織学習は進みません（March and Olsen 1975）。表10-1 は，これらをまとめたものです。

　役割を制約された経験学習は，メンバーが新たに獲得した知識や考え方などの学

表 10-1 学習サイクルの阻害要因（March and Olsen（1975：158–160）を参考に作成）

役割を制約された経験学習	1 の阻害	メンバーが新たに獲得した知識や考え方などの学習成果を仕事に活かしたくても，活用する機会が制限される。
周辺者としての経験学習	2 の阻害	メンバーの新しい行動や考え方が，組織のなかで採用されない。
迷信的な経験学習	3 の阻害	環境からのフィードバックを十分にとらえられず，組織の思い込みで行動する。
あいまいさのもとでの経験学習	4 の阻害	組織がなぜ高く評価されているのか，あるいは低く評価されているのかや，なぜ成果が出たのか，あるいはなぜ成果が出なかったのかが不明確なため，個人が学習に自信がもてなかったり，方向違いの学習を行う。

習成果を活用する機会が制限されるときに起こります。たとえば，新しいカリキュラムを提案できる職員がいるにもかかわらず，上司が「それは教員の仕事であり職員の仕事ではない」としてかかわることを制限する，などです。大学は専門性で分断された組織であるため，「理学部の教育に教育学部の教員が口を出すことは許されない」といった価値観や文化があると，組織学習を制約することになります。

　周辺者としての経験学習は，メンバーの新しい行動や考え方が組織のなかで採用されないときに起こります。たとえば，初年次教育で効果的なアカデミックライティングの教育方法を実践し，高い成果を上げている事例があっても，「本学は研究大学であるからそうした教育を組織的に行う必要はない」として推奨しない場合などです。これは大学の意思決定プロセスと密接に関連しています。上位階層の影響力が強い大学では，トップ層が気に入らない提案は採用されません。合意形成を重視する大学では，一人が反対したり 1 部門が反対するだけで，提案が採用されません。その結果，個人の新しい成果は組織の中心にならず，周辺に置かれたままになります。

　迷信的な経験学習は，学習や実践の成果が組織の行動に取り入れられたにもかかわらず，成果や環境からの反応につながらないときに起こります。たとえば，多くの教職員からの提案や他大学の事例を参考に，学内の物品購入や出張手続きをすべて電子化することで効率化する場面を考えます。このとき，手続き全体を再設計するのではなく，既存の紙による手続きという枠にとらわれ，紙のプロセスを電子的に置き換えるだけでは，結果的に以前よりも非効率な手続きシステムとなる場合があります。このように，組織の過去の経験にとらわれたり思い込みによる行動がと

られたりすると，迷信的な学習につながります。

　また，トップが成果の要因を誤解することも迷信的な学習につながります。たとえば，ある取り組みを進めた結果，補助金に採択された場面を考えます。実際は，補正予算がついて申請校のほとんどが採択されていたり，伝統と実績のある研究大学への政治的配慮が採択の決め手であったとしても，トップは自分たちの取り組みが評価されたと考えがちです。環境の反応につながっていないにもかかわらず，成果があったと誤解することで，自分の考えをより押し進めてしまいます。

　あいまいさのもとでの経験学習は，成功や失敗など環境から得られるフィードバックが不明確であるときに起こります。たとえば，他大学での教育学部の設置が志願者増になったのを参考に，自大学でも文学部を改組して教育学部にしたところ，志願者が増えなかった場合などです。このフィードバックに対し，メンバーはカリキュラムに魅力がない，大学の立地が問題，広報の方法が問題など，多様な推論を行いながら学習しなければならず，学習が進まなくなります。

　また，環境変化を誤解することも，あいまいさのもとでの学習につながります。たとえば，「アクティブラーニングが効果的である」という研究知見や政策推進を受けて，学習者中心型の授業を行うことなどです。このとき，学生にどのような思考を促すかに関する学習よりも，クラスの学生数を何人にするかや，教室の机や椅子をどう配置するかに関する学習をすることは，誤った学習にあたります。

■ 1-4　大学は組織学習が進みにくい

　組織学習は，教職員が取り組んでいるさまざまな活動を契機として始まります。具体的には，学外のセミナーや説明会で得られた知識，アンケートなどにもとづく過去の取り組みの改善，新しい取り組みの試行などがあります。しかし，大学はこうした組織学習の契機が多いにもかかわらず，それがほかのメンバーと共有されたり，組織の活動に埋め込まれたりすることが困難な組織です。一つの理由は，授業，入試，学位審査，年報作成など，メンバーの学習の起こるタイミングが半年後や1年後になりやすい特徴があるためです。

　個人の学習が集団の学習へ進行する際に，（1）学年歴や会計年度のようなカレンダー時間を契機とする進行と，（2）意味のある出来事の発生を契機とする進行の二つのなかで進められます。また，組織の上層ほど前者を，組織の下層ほど後者を重視します（Berends and Lammers 2010）。

　たとえば，次年度の授業準備を始める時になってはじめて，過去の授業の問題点

を振り返ったり，入学手続きの準備を始める際に昨年度の課題を振り返ったりします。大学では，学習の推進に必要な「意味のある出来事」の発生間隔が長すぎるため，個人の学習が集団の学習へつながりにくくなります。

　一方，組織の上層は，中期計画や年度計画など在任中の計画に沿って仕事を進めようとします。そのため，予算の締め切りやプロジェクトの期限に間に合うよう，新しい取り組みをメンバーに求めます。これは，メンバー間の組織学習を阻害する働きがあり，メンバーの学習成果とは無関係に，トップの意向を反映した活動が組織に埋め込まれる傾向があります。このように，大学は組織学習が起こりにくい組織になる傾向があります。

第2節　成果向上のツールとしての組織学習

■ 2-1　機能主義と解釈主義

　もし，組織学習が組織の成果を高めることにつながるのであれば，マネジャーの関心はどのように組織学習を進めるかに集まるでしょう。このような組織学習の見方を，機能主義と呼びます。機能主義は，組織学習を成果向上や組織変革のツールとしてとらえる傾向があります。

　組織学習は，個人の学習がほかのメンバーと共有され，組織の活動に埋め込まれていくことです。そのため，そこにはメンバー間の知識や考え方の交換，協力して新しい仕事にまとめていくプロセスが不可欠です。こうした人間同士の相互作用は，マネジャーの指示やツールによって促進されたからといって，必ずしもその質が高まるとはかぎりません。そのため，組織学習ではどのようなメンバー間の相互作用が行われるのかを理解することのほうがより重要と考えられます。このような組織学習のプロセス理解を重視する見方を，解釈主義と呼びます。

　機能主義は，学習の単位を個人と考え，学習は認知的・行動的に進められるものと考えます。そのため，学習の成果は明確で転移可能なものと考えます。一方，解釈主義は，学習の単位を集団と考え，学習は参加や関与によって進められるものと考えます。そのため，学習の成果は暗黙的で文脈依存的なものと考えます（Dee and Leišytė 2016）。

■ 2-2　シングルループ学習とダブルループ学習

機能主義の代表的なモデルに，シングルループ学習とダブルループ学習のモデル

があります（Argyris and Schön 1978）。このモデルでは，メンバーが新たに得た知識や考え方によって既存の知識や考え方を更新することを組織学習と考えます。

　シングルループ学習は，フィードバック情報による継続的な改善を進める学習です。たとえば，授業アンケートの結果，多くの科目区分で学生の理解度が上昇しているにもかかわらず，応用領域の専門科目のみ理解度が低下していることがわかったとします。このとき，応用領域の科目担当者は，何が理解度低下の原因かを調査し，改善しようとするでしょう。このようにシングルループ学習は，何らかの異常を検知する仕組みのもとで起こります。組織にとって重要なデータがあっても，メンバーへのフィードバックの方法が確立されていなければ，そうしたデータが注目されることはありません。シングルループ学習では，データの定義，データの提供，基準値の設定などフィードバックの仕組みが重要です。

　一方，ダブルループ学習は，シングルループ学習で進められる改善活動の前提を問い直す学習を指します。たとえば，上の例では発展領域の専門科目の理解度を高めるための改善を考えましたが，高度な専門教育はそもそも大学院で行うべきであり，学士課程教育は教養教育をより重視すべきだとして，応用領域を学士課程のカリキュラムから外すことの検討にあたります。図 10-2 はこの関係を表しています。

　シングルループ学習とダブルループ学習の間に優劣関係はなく，どちらも重要な学習です。シングルループ学習の重視は過度の改善重視になり，ダブルループ学習の重視は過度の変革重視になります。このモデルの問題は，学習を問題検知型の学習と考えており，新しい知識の創造を考慮していない点にあります。また，ダブルループ学習は，既存の前提や価値観を疑う学習ですが，既存の前提や価値観を共有するメンバーのなかからダブルループ学習が起こるとは考えにくい点も課題です。

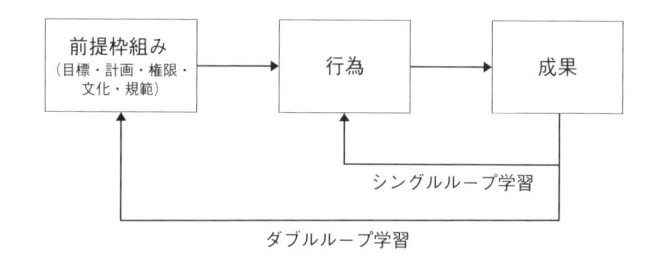

図 10-2　シングルループ学習とダブルループ学習（Argyris and Schön（1978）を参考に作成）

そのため，組織外との相互作用や外から新しいメンバーを迎えることで，ダブルループ学習は進みやすくなります。

実際に，組織のメンバーはダブルループ学習を苦手とすることが確認されています（Argyris 1999）。上の例では，多くの教員にとって，新しい教育に取り組むよりも既存の授業の改善のほうが容易であり，新しい取り組みを否定するかもしれません。また，ダブルループ学習によって，既存の教育目標の見直しや，既存の仕事の廃止が提案されると，組織内に混乱や不安定さをもたらすため，多くのマネジャーやメンバーはそうした提案を避けようとします。つまり，一度決めたことを覆すことは，多くの組織にとって苦痛です。さらに，新しい提案が承認されたとしても，組織にその実行能力が不足する場合，ダブルループ学習が組織の能力を低下させる恐れがあります（Hatch 2013）。先の例では，学士課程教育は教養教育をより重視することを決めたとしても，その具体的な教育目標を決めたり，目標達成の効果的な方法をもったりしないかぎり，新しい目標は達成されません。こうした要因により，多くの組織でダブルループ学習の推進は困難と考えられています。

■ 2-3　知識創造

シングルループ学習・ダブルループ学習のモデルは，組織学習における個人の認知的学習に注目したモデルです。組織学習は個人の学習から始まるものの，シングルループ学習・ダブルループ学習では，個人の学習成果が組織の学習成果になるプロセスが十分に説明されていません。このプロセスに注目した組織学習のモデルに，知識創造があります。

知識創造は，記述が困難な暗黙知と客観的に表出可能な形式知の間の変換プロセスをモデル化したもので，図10-3のような四つの段階にまとめられます（Nonaka and Takeuchi 1995）。個人はほかのメンバーと仕事をともにするなかで，他者からの示唆や個人の学習をとおして，共有された暗黙知を獲得します（共同化）。この知識はそのままでは伝達が難しいため，その要点を文書などにまとめることで，形式

暗黙知→暗黙知 共同化	暗黙知→形式知 表出化
形式知→暗黙知 内面化	形式知→形式知 連結化

図10-3　知識創造のプロセス（Nonaka and Takeuchi（1995：72）を参考に作成）

知にすることを試みます（表出化）。その知識が，ほかのメンバーやほかの部門で活用されたり，ほかの部門の形式知と組み合わせられたりすることで，組織に新しい取り組み，制度，ルーチンなどがつくられます（連結化）。新しい取り組みのもとで，個人のなかに新しい経験が蓄積され，暗黙知がつくられます（内面化）。このプロセスが繰り返されることで，組織学習が進められます。

このモデルでは，組織学習の促進において，それぞれの段階を容易にする場の提供が重要と考えます。たとえば，共同化の段階では個人の経験や考えを柔軟に創発できる場が必要であり，表出化の段階ではメンバーの考えを言語化する対話を行う場が必要です。このモデルにおけるマネジャーの役割は，場をデザインすることであり，効果的な場のデザインによって組織学習が進みます。

■ 2-4　学習する組織

ダブルループ学習の促進や効果的な場のデザインに対する実践的な示唆をまとめたものに，学習する組織があります。これは，組織のなかに五つの行動が埋め込まれていることが，環境変化に適応した組織となるうえで不可欠であることを示したものです。表 10-2 は，五つの行動をまとめたものです。

五つの行動は，組織学習を進めるメンバーの行動パターンを明らかにした点が特徴であり，組織学習に関する実証的な検討を可能にします。たとえば，大学は専門性で分断された組織であるため，共有ビジョンは特に実践が困難です。メンバー間の相互作用にもとづいて組織の目標や将来像をつくることは難しく，多くの大学のウェブサイトや大学案内には，大学名を入れ替えれば他大学でも掲載可能なビジョンが掲載されています。また，チーム学習も実践が困難な行動の一つです。教育活

表 10-2　学習する組織をつくる五つの行動（センゲ（2011：89-325）を参考に作成）

システム思考	個々の問題よりも，相互関係や変化のパターンに注目して，全体的なパターンのなかで問題を理解する。
自己マスタリー	学習が，単に仕事に関する知識の獲得ではなく，自分の成長のために行われる。
メンタルモデルの克服	問題を発見した際に，解決の対象とみるのではなく，なぜ自分が問題と認識するかの前提に気づく。
共有ビジョン	トップダウンによるビジョン周知ではなく，メンバーの学習目標がメンバー間の相互作用を通じて焦点化されている。
チーム学習	対話，議論，実験的取り組みを中心とした試行錯誤によって仕事を進める。

動の多くは教員が個人や研究室単位で取り組んでおり，協力して実験的な取り組みを行うことが困難です。このように，五つの行動は組織学習状況を診断する視点を提供してくれます。

　一方で，実践的な示唆は一時的な流行をつくる弊害があります（Kezar 2005）。すなわち，学習する組織の実践的な技法面のみが強調されることで，外部コンサルタントによる介入やトップダウンによる学習する組織の推奨が起こります。その結果，組織から与えられたテーマに沿った学習のみにとらわれたり，問題を過度に単純化することが起こったりします。五つの行動は，組織学習の状態を把握するための視点として活用するほうがよいでしょう。

第3節　解釈主義による組織学習の考え方

▉ 3-1　機能主義の限界

　機能主義の組織学習モデルは，個人の学習が組織学習の起点と考えるため，マネジャーに学習を進めるための示唆を提供します。そのため，ツールとしての組織学習の側面が強調されます。多くの研究で指摘されているツールには大きく三つの方向があり，(1) フィードバックデータの提供，(2) 実践の改善に役立つ新しい知識の提供，(3) 合意形成を促すメンタルモデルの共有の3点です（Dee and Leišytė 2016）。

　一方で，マネジャーによって促進される学習では，メンバーは自由な存在ではなくマネジャーの代理人として学習します。そのため，こうした機能主義の組織学習観は，トップ層の力を強化する作用があります（Birnbaum 2001）。すなわち，マネジャーが望む学内データが提供され，マネジャーが進めたい方向に関連した事例が学内で紹介され，マネジャーと同じ考えや価値観をもつ者だけが合意形成に参加できる組織づくりを進めます。その結果，小規模部門の学習が無視されたり，トップの意向に沿った学習が正統な学習とみなされることで，モデルが想定する環境への適応や組織変革がうまくできなくなります。

　解釈主義は，環境適応や組織変革につながる組織学習において，メンバーの間でどのような学習が起こっているのかを理解しようとします。リーダーに対する直接的な示唆は少ないものの，機能主義の問題点を克服し，学習プロセスの特徴や課題をより明確に理解できるようになります。

　組織内の学習プロセスを説明する代表的なモデルに，4I フレームワークがあります（Crossan et al. 1999）。これは，個人と組織の間で進められる学習の連結を説明する考え方です。このモデルでは，組織内の学習は四つのタイプの相互作用で構成されると考えます。直観（Intuiting），解釈（Interpreting），統合（Integrating），制度化（Institutionalizing）という四つの相互作用の頭文字から 4I と呼ばれます。それぞれの相互作用の特徴は，次のとおりです。

> ・直　　観（Intuiting）
> 　メンバーの専門性と創造力の発揮によって生み出す個人レベルの学習で，言語化されにくい暗黙知を含んでいます。重要な活動は，自由な学習です。
> ・解　　釈（Interpreting）
> 　メンバーとグループ内のメンバーの間で行われる相互作用で，個人の直観を相互に解釈可能な共通言語として磨くプロセスです。新しいアイディアについて，将来像を明らかにしたりグループにとっての共通の意味づけをつくる段階です。重要な活動は，対話や議論です。
> ・統　　合（Intergrating）
> 　知識が実践と結びつく段階で，実践によって知識が磨かれ組織全体で活用可能な水準に高まります。実践がなければ組織レベルでの共通認識の形成は困難です。重要な活動は，実験や開発です。
> ・制　度　化（Institutionalizing）
> 　実践が組織の構造，戦略，文化などに埋め込むための相互作用が行われる段階です。グループ横断的な実践により，グループ外からもフィードバックが得られ，実践の質向上が進められます。重要な活動は，調整や承認です。

　これらの相互作用を連結させる学習として，大きく二つのタイプの学習を考えます。一つは探索による学習で，学外知識の獲得を中心にした学習です。学生支援課が他大学の事例に着想を得て，新しい学生支援の取り組みを思いつくなど，情報収集，実験的取り組み，柔軟性の発揮，リスクテイク，イノベーションなどによって特徴づけられる学習です。もう一つは，学習されたものの活用で，学内知識の適用や運用を中心にした学習です。学生支援課の既存の取り組みを，トップが新しい制度や手続きに取り入れるなど，修正，選択，効率性などによって特徴づけられる学

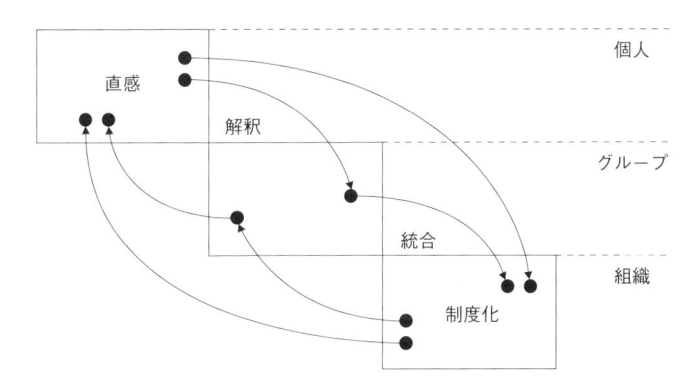

図10-4 学習の連結プロセス（Crossan et al.（1999：532）より引用）

習です。これらの関係をまとめたものが，図10-4です。

図10-4では，四つの相互作用が段階的・直線的に進む過程が示されていますが，実際には，学習の連結プロセスが断片化したり，不完全になったり，混乱が生じることがわかっています（Berends and Lammers 2010）。大学組織において連結を困難にする要因として，仕事やプロジェクトに設定された期限や時間的制約，目標の多義性，専門性による分業，メンバーの自律性などによる協同の困難さ，短期的な数値による進捗管理などのマイクロマネジメント，実験的な失敗を許容しないなどの心理的なリスクがあります。これらは特に，制度化を困難にする作用があります。

また，このモデルでは，組織学習を進める過程で特定の影響力によって相互作用が支配される可能性について指摘されています（Lawrence et al. 2005）。直観を進める過程では，専門性が大きな影響力をもちます。たとえば，学生の学習成果を把握する際に，教育評価を専門とする教員の実践が紹介され，それを修正して学科の学習成果把握の取り組みが検討されるなどの例があります。専門性に依拠した提案は否定されにくいため，支配として作用する場合があります。

解釈を進める過程では，個人のもつ影響力が相互作用に影響します。たとえば，学科の学習成果把握の取り組みについて特定の方法を採用するため，グループが関心をもつ課題と関連づけた説明や交渉が行われたり，グループの意見を左右する力をもつメンバーへの個別の説得などが行われます。

統合を進める過程では，グループのリーダーがもつ強制力が相互作用に影響します。たとえば，学科の学習成果把握の取り組みについて決定するため，正式な会議での投票によって採用を決定したとします。これによって，学科の取り組みは一つ

に限定され，ほかの取り組みは実践される機会を失います。グループのもつルール，習慣，意思決定プロセスが実践の機会を狭めるため，支配として作用する場合があります。

　制度化は，権威による支配が相互作用に影響します。トップは，自分の考えや信念に合う実践に注目する一方，合わないものを見過ごす傾向があります。この支配に気づけないと，機能主義と同様の問題を抱えることになります。

■ 3-3　実践コミュニティ

　4I フレームワークは，個人の学習が組織に埋め込まれるプロセスを説明する優れたモデルですが，ベストプラクティスを組織に普及させるタイプの組織学習しか説明できません。しかし，実験的プロジェクトの成果の全学展開は，メンバーが常に有効な学習と認識するとはかぎりません。たとえば，新しい教育方法を模索するなか，医学部で取り組まれた問題解決型学習の事例が，学生の成績と学習意欲の双方を高めたため，学部全体で取り組んだ事例を考えてみます。これが制度化を経て，文学部でも問題解決型学習に取り組むことを奨励された場合，文学部のメンバーは新しい教育方法を学部の強みにできるのでしょうか。

　組織学習としての実践コミュニティは，ベストプラクティスを拡散するのではなく，それぞれの部門の独自の強みをつくることがリーダーの仕事であると考えます（Brown and Duguid 1991）。すなわち，個人が何を学ぶかではなくグループのなかで何が起こっているかに注目します。たとえば，問題解決型学習では，ソクラテスメソッドのような学生の発言や理解に応じた問いを投げかけるやりとりが重要ですが，そうした発問づくりに関する意見交換がグループの強みをつくります。しかし，リーダーが転移可能な知識のみに注目して問題解決型学習をほかのグループへ適用すると，そのグループは教育方法を行う強みをもたないまま新しい教育方法を取り入れなければなりません。

　リーダーが組織学習としての実践コミュニティに注目する場合は，ベストプラクティスの拡散ではなく，強みをつくったグループの日常をほかのグループのメンバーへ伝える機会を設けるようにします（Örtenblad 2009）。すなわち，どのようにしてグループ内で知識を共有したかの経験を拡散することに注目します。これは，リーダーへの実践的示唆としてはやや抽象的ですが，各グループの文脈に合わせた強みをつくることは，トップの代理人としての学習よりも組織全体の環境への適応や組織変革につながりやすくなります。

第4節　組織内でのデータの扱い方

■ 4-1　組織学習における IR（インステテューショナル・リサーチ）の役割

　これまでみてきたように，組織学習の推進ではフィードバックが重要です。大学内の活動に関するフィードバック情報を扱う部門の一つに IR 部門があり，日本でも多くの大学が IR 部門を設置しています。一般に，IR 部門はトップの意思決定支援を目的として設置されますが，その実体は単にデータを集計して報告書をまとめる仕事に従事する大学がほとんどです（Milam 2005）。この背景には，専門性による分断や教育・研究活動の多くが個人単位での評価であるなど，大学は組織的なフィードバックが難しい組織であることが関係しています。

　フィードバックが難しい組織である大学では，組織学習の機会も限定される傾向にあります。多くの大学で共通してみられる組織学習の機会は，学際的活用やプロジェクト活動，自己点検・認証評価，比較大学とのベンチマーキング，FD（ファカルティディベロップメント）や SD（スタッフディベロップメント）の四つに限定されがちです（Dee and Leišytė 2016）。これら四つの学習機会の支援として IR 部門が活用されると，IR 部門の扱うデータは判断や評価の道具として認識されます。

　しかし，上でみたように，組織学習としての実践コミュニティに注目するのであれば，そうしたグループへのフィードバック情報の提供が重要です。そのためには扱うデータが，多様な集団間で意味や解釈を進めるための道具として認識されるよう，データの見方の転換が必要です。このようにデータを認識できると，IR 部門は意思決定支援のための部門から，組織学習促進のための部門に移行することができ，実践コミュニティでの学習におけるリーダーとしての能力を得られます。

■ 4-2　意思決定におけるデータの使われ方

　データにもとづく意思決定という場合，多くの人が合理的な意思決定を意味すると考えます。すなわち，適切なデータを提供すれば分析が客観的に行われ，大学が最大の効果を得るための選択肢を選べるという意思決定です。しかし，実際にそうした意思決定が行われる機会はかなり限られています（Dee and Heineman 2016）。それは，扱う問題の特徴によって，メンバーのデータに対する態度が変わるためです。問題の特徴をみる視点は，大きく三つあります。

　第一の視点は，意思決定で扱う問題が影響する範囲です。たとえば，全学共通教育のカリキュラム変更のような全学的な課題を検討する場合，メンバーはデータを

主観的・政治的に扱う傾向があります。特定のデータにのみ注目して議論をしたり，データの解釈を自分たちの部門にとって抵抗がないように，あるいは不利にならないように解釈したりします。逆に，ある学部の初年次の英語教育の見直しを検討する場合，メンバーはデータを客観的に扱う傾向があります。学生の成績データやアンケートなどに注目し，データから改善のアイディアを得ようとします。すなわち，全学的問題に対しては主観的・政治的な分析を，特定部門内の問題に対しては客観的な分析を好む傾向がみられるのです。

第二の視点は，意思決定で扱う問題の新しさです。たとえば，教育実習指導の改善を検討する場合，指導記録や学生の派遣先からの情報など，これまでに多くの情報が蓄積されています。また，過去にも教育実習指導の課題が指摘されるたびに，改善を検討してきた経験があります。このように，メンバーが取り扱いに慣れている問題やルーチンの改善を検討する場合には，データを客観的に分析することを好む傾向があります。逆に，新たな教育プログラムを検討したり前例のない問題に取り組んだりする場合，データの解釈はより主観的になります。

第三の視点は，問題を検討する時間です。どのような問題でも，議論の初期段階ではメンバーの関心は問題の理解にあります。そのため，データは主観的に分析され，さまざまな解釈が行われます。しかし，議論の中間段階へくると，結論としてどのような選択肢があるのかを知り，適切な選択肢を選ぶことにメンバーの関心が移ります。そのため，データは客観的に分析される傾向があり，それに適したデータが必要です。最後に，議論の最終段階では，選んだ選択肢を効果的に実行するために必要なデータの選択や収集にメンバーの関心が移ります。ここでもデータは客観的に分析される傾向があります。

■ 4-3　データの扱いと意思決定のパターン

IR 部門は，大学の意思決定支援のためにデータを提供することを自分たちの役割と考えています。しかし，上でみたように，扱う問題の特徴がデータの扱われ方に影響するため，常に IR 部門が意図したとおりにデータが活用されるとはかぎりません。そこで，大学内で起こる意思決定プロセスをパターン化しておき，それに合わせたデータ提供を考えてみます。大学内で意思決定が行われるとき，その過程では大きく四つのパターンで問題の認識やデータの解釈が行われます（Dee and Heineman 2016）。

・**合理的データ活用**

最も効果的な選択肢を選べるよう，データを客観的に分析する傾向。できる
だけ問題を単純化して早く意思決定をしようとするため，重要な組織の問題
を見落としてしまい，結果として影響力の小さい変革しか達成できない。客
観的なデータ分析と学内データへの注目が支配的になる。

・**革新的データ活用**

データを特定の問題解決のための情報収集に役立てようとする傾向。メンバ
ーが組織の目標や優先順位を明確に決められなければ，問題解決へ進むこと
が難しい。客観的なデータ分析と学外データへの注目が支配的になる。

・**政治的データ活用**

データを競争の源泉として活用するために，データの隠蔽，操作，選択がさ
れやすい。特定の主張を支持するデータのみが注目される。主観的なデータ
分析と学内データへの注目が支配的になる。

・**探索的データ活用**

一般的な情報収集や他大学の状況を探索するため，データを一般的な資料と
して扱う傾向。主観的なデータ分析と学外データへの注目が支配的になる。

　先にみた意思決定で扱う問題の特徴以外にも，組織の特徴によっても，どのパタ
ーンが起こりやすいかが変わります。たとえば，教員と執行部の間の信頼関係が不
十分な組織では，政治的データ活用が起こりやすくなります。また，一つの問題を
扱う過程でパターンが変化する場合もあります。たとえば，探索的データ活用が行
われるなかで大学が取り組むべき新しい課題を見出し，革新的データ活用へ移行す
る場合があります。

　学内でどのパターンが起こるかを事前に知ることはできないため，IR部門は実
際の議論の進行に合わせて，データを提供するようにします。議論の過程で注目す
るデータが不足すると，議論が混乱したり誤った方向へ進むことがあるためです。

◆ケーススタディ⑨：ある公立大学における学生募集改革

　W大学は地方に立地する公立大学である。以前は，この地域に多数の若者がおり，卒業生の多くが，地元の公務員，農林水産技官，金融業へ就職するなど，地元では一つの成功ルートとしてのポジションを有していた。また，W大学は設立時より県内の低所得学生のための就学支援を行なっており，一人親家庭の学生がホワイトカラーとして就職できるという意味でも，地元や議会からも厚い支持を得てきた大学である。

　しかし，1990年以降，雇用を支えていたメーカーの大規模工場が移転し，省庁地方支部の再編が行われるなど，労働人口が急速に減り始めた。小さな公立大学にすぎなかったW大学は，今や地元では数少ない優良大規模組織に数えられるほどである。こうしたことが，W大学の学生募集にも，少なからぬ影響を与え始めている。

　W大学では以前より志願者数が減少傾向にあったが，過去5年は特に顕著となり，5年連続で，志願者数が大幅に減少している。大学ではこうした事態を早い段階で予測していたため，以前より検討していた組織変更を行なった。これまで入試を行うだけであった入試課を入学支援センターへ改組し，学生募集に予算や人員を重点的に割り当てることにした。しかし，志願者数の減少がなかなか止まらない。

　入試担当副学長は，「高校訪問の件数も大幅に増やしたし，社会人学生の募集も市役所と産業団体と提携して進めている最中だ。地元ケーブルTVとラジオの番組も始めたし，やるべきことはやっているのに，どれも有効打となっていないようだ。何をしても人口減という大波には逆らえないのかもしれない」と説明をした。

　これに対して学長は，こう答えた。「全体的な戦略を見直す必要がありそうですね。予算が極めてタイトであるものの，われわれは独断で学費を上げることもできない。教員組織も設置基準ぎりぎりだし，これ以上職員を減らすこともできない」。

　学長は2日後に執行部会をもう一度開くことを提案し，そこでもう一度学生募集戦略について議論することを提案した。その2日後の会議において，留学生を含む地元外の学生を受け入れるための学生寮新設のアイディアが提案された。

　教育担当の副学長は，このように発言した。「入学支援センターはこれまですばらしい仕事をしてきたが，従来どおりの仕事をやるだけではもはや不十分な状況です。大学の今後を考えると，新しい発想でこの問題に立ち向かわないといけない。うちは，公立大学ではめずらしく，農学・水産学分野があり研究

力も高い。全国の農業試験場や水産試験場ともパイプがあるし，就職面でも強みがある。それにこの地方には，夏は登山，冬はスキーと四季折々の美しい自然がある。この強みを生かして，全国から，いや世界から学生募集をするという発想に立って進めるべきでしょう」。

大学の常任委員会（理事会に相当）はこのアイディアを好意的に受け止め，学生寮新設のための予算要求を議会と調整し始めた。ところが，その検討に対しては教員から反対の声が上がりはじめた。

「彼はいったい何をしたいんだ」。ある教員は，学長を指して，「うちは公立大学で地域貢献を第一にすべき大学だ。学長はよそから若者を呼んできて学生寮に入れたいようだが，都会の金持ちの学生がうちの教育を求めているんだろうかね。まあ，冬の間毎日スキーしてくれたら，地元は多少潤うのかな。苦労して集めてきた地元の低所得家庭の学生とか学びを求めてきている社会人学生は，もう重要でないって手のひらを返すのかね」と吐き捨てた。

この教員の発言に対して，組合の委員長である教員は次のように答えた。「私も，執行部のアイディアは，本学の公立大学らしさをなくしてしまう案だと思っています。うちの大学はこれまでずっと地元志向・地元支援でやってきたから，議会での特別予算措置が何度も通ってきた。地元志向をやめたら，住民の税金で成り立っている大学に未来はありません」。

教職員組合は，学生自治会とも連携して，学生寮案に対する公の反対キャンペーンを始めた。こうした動きを考慮して，常任委員会はいったん議論を棚上げし，執行部は組合，学生自治会，教職員との公開討論会を開催した。このなかで学長は，このように発言した。「私は長らくこの大学に勤めてきたが，まだまだ新人のようですね。うちの教職員は，本当に地元の苦学生の方を見ている。今回の学生寮プランが，彼らにとっては基本的価値の否定であるということが，今回よくわかりましたよ。どんな改革プランを出すにせよ，ミッションにもとづいて考えることが何よりも大事だということを，あらためて学びました。」

しかし，これに対して副学長はこう答えた。「しかし，教職員の方は，今回の件で何を学んだんでしょうね。今の大学は20年前の財政状況や18歳人口とまったく異なる状況に置かれています。大学の価値を大事にするのであれば，それをどうやって維持していくかを考えなければなりません。60年代の闘争方法ではこの問題は解決できませんよね」。

公開討論会を経て，学長は学生寮プランに関する全学委員会の設置を決めた。そのメンバーは，学内の教職員の自薦と他薦で参加してもらうことにした。初回の会合で，学長は次のようにあいさつを述べた。「この委員会は，全学の英知を集めた自由な議論をする場です。また，学生寮プランを最終的に廃案にする権限も認めます。ただし，その場合は大学の存続に向けた有効な代替案を示す

責任もあります」。

　何回かの会議を経て，委員会は全国や国外から来る学生のための学生寮と，地元の学生のための学生寮を併置する案をまとめてきた。また，寮の大部分は，農業高校や工業高校からの推薦入学生や，一人親家庭から来る学生専用の寮とすることを決めた。最終的に，委員会は全国や海外からも学生を集めることを了承したが，その際にも低所得家庭の学生を優先的に受け入れるという方針を強調した。

　委員会メンバーの一人である教員は，このように述べた。「今後，高校訪問先を全国や海外へ広げるとしても，裕福な家庭の学生ではなく，大学進学に困難を抱えている学生を集めるという方針でスタッフには臨んでほしい。大学に行くことを考えてもいなかった学生にこそチャンスを与えたい」。

　組合の委員長も，次のように述べた。「この大学は変わったが，自分たちの存在意義は何も変わらなかった。学生募集状況は厳しいが，新しい方針はうちの大学らしさが維持されているし，それを決めるプロセスはこの大学の価値観をより明確にするものだった」。

　入学支援センター長は，次のように述べた。「私は今の方針にとても満足しています。みんな自信をもって学生募集の説明に行けるようになりましたよ。以前よりも，自分の大学を誇りをもって説明できるようになりましたし，早くいろいろなところでこのアイディアを説明したいと思ってます」。

●論　点

❶ W 大学が，人口減に対応して学生募集に予算を重点配分するようになったことについて，この行動はシングルループ学習の概念とどの程度整合的であると考えますか。

❷ W 大学の執行部が当初取り組んだ学生募集対策は，結局うまくいきませんでした。そこで，抜本的に見直して学生寮をつくるというプランが出てきますが，これはダブルループ学習の概念とどの程度整合的であると考えますか。

❸ 組合が行なった公式な抵抗は，小さな成功であるといえます。このことは，組織学習をどの程度促進したといえるでしょうか。

11 大学のガバナンス

第1節　ガバナンスの考え方

■ 1-1　難解なガバナンス

　ガバナンスは難解で，多様な意味で使われる言葉の一つです。実際に組織の研究においても，論者によって多様に定義されながら使われてきました。近年使われたものだけでも，次のような定義があります。

- ・ものごとを管理・運営していくための諸ルールの体系（猪口 2000）
- ・意思決定に係る諸々の組織構造やその過程全般（大場 2011）
- ・組織内での意思決定と執行，権力と責任の分布（金子 2014）
- ・大学が教育・研究・社会サービスなどの社会的役割を果たすために，人的・物的資源を整備・活用し，その組織を運用していく仕組みとプロセス（江原 2013）
- ・管理運営体制（大崎 2016）
- ・組織が方針や政策を決める手段と行動（Kaplan 2004）

　これらの共通点を考えると，ガバナンスは組織の意思決定構造を指す概念と定義できそうです。もともとは，governance の訳語として統治，連営，管理という意味が与えられていましたが，ここでは組織の意思決定構造と考えます。

■ 1-2　大学ガバナンスの特徴

　組織の意思決定は，どのような主体が意思決定に参加するかで，その内容が変わります。以前の日本企業は，内部組織出身者と取引企業や取引金融機関から派遣されたメンバーで構成された取締役会で，組織の意思決定を行なってきました。その

ため，組織内の意向を過度に重視した意思決定になり，株主の意見が反映されないという批判がありました。そのため，外部から取締役を入れるなど，意思決定に参加する主体を変えることで，広くステークホルダー全体の満足につながる意思決定に取り組んでいます。

　大学も同様の考え方で，学外理事を置くことが求められています。一方で，学外理事は非常勤であったり，民間企業経験者で財務の知識が豊富な者など一部の領域に偏る傾向もあります。これには，大学の意思決定では，教育や研究に関することなど，専門的な知識がなければ効果的な意思決定ができない問題を扱うことが多くあるという背景があります。

　専門的な内容の意思決定には専門家を参画させることが必要です。これを効果的に行う方法の一つに，教学と経営の分離と呼ばれる方法があります（羽田 2014）。すなわち，理事会は財政面を中心とする法人経営に関する事項の意思決定に専念し，教育・研究に関する意思決定は，専門知識をもつ者に委譲する方法です。後者は，学内教職員に委譲するものと考えられがちですが，学外から教育・研究に関する専門知識をもつ者を招聘する方法もあります。

■ 1-3　教学と経営の分離

　教学と経営を分離する分権ガバナンスは，世界の多くの国で妥当と考えられているガバナンスです（Taylor 2013）。これは，単に意思決定に責任をもつ領域を分けるだけでなく，大学組織のような目標が多義的で目標間の優先順位があいまいな組織では，意思決定に関与する人をあえて多様にし，適度な緊張関係をつくるほうが，長期的にみると適切な意思決定ができるためです。そのため，国外の大学では学生も意思決定に関与しています。

　この分権ガバナンスをうまく機能させるためには，三つの主体が必要です。一つめは，教育研究に関する意思決定を扱う主体です。英国や米国の大学での Senate がこれにあたります。二つめは，法人管理や財務に関する意思決定を行う主体です。英国の大学の Court，米国の大学の Board にあたります（ただし，実際には Board は多くの権限を Executive に委譲しています）。三つめは，先の二つの主体の意思決定を調整する主体です。英国の大学の Council，米国の大学の Exective にあたり，学長の主要な役割です。この 3 主体で意思決定を行うモデルは，「シェアドガバナンスモデル」と呼ばれます（Taylor 2013）。

■ 1-4　シェアドガバナンスの考え方

シェアドガバナンスは米国の大学運営で生まれた考え方ですが，米国の大学関係者でも明快に説明できる人は少なく，理解の難しい考え方です。その理由は，特定の制度やルールを指すものではなく，Senate がもつ専門性の権威と Board・Exective がもつ法的権威の間の信頼関係を表す動的な概念だからです。

米国の Board は，議会や市民の負託を受けた主体です。大学の専門家ではない Board はその権限を Exective に委託して運営します。学長に大きな権限があるのは，議会や市民の負託に応える責務があるためです。一方，教育や研究に関する事項の意思決定は，実質的に教員のもつ専門的権威が重要です。このような二重権威構造の組織では，両者の緊密な協力と信頼が不可欠です。シェアドガバナンスは，この信頼関係の構築を指す言葉です（Bastedo et al. 2016）。

二つの権威は，衝突と軋轢を繰り返してきた歴史があります。しかし，衝突を乗り越え，1966 年に全米大学教員組合（AAUP），米国教育協議会（ACE），米国大学理事会協会（AGB）の三者が共同で執行部と教員集団が協力して大学ガバナンスにかかわることを確認する宣言を出します。この宣言のなかで，シェアドガバナンスが特定の制度やルールではなく，執行部と教員集団の間で相互信頼と協力関係を構築することにあると記述されています。

■ 1-5　分権ガバナンスを機能させる要件

シェアドガバナンスは，米国の歴史と制度を反映した概念であるものの，世界の多くの国で取り入れられている分権ガバナンスの参考となっている考え方です。米国の大学の調査から，シェアドガバナンスが有効に形成されてく過程では，五つの要件が必要であると指摘されています（Ott and Mathews 2015）。表 11-1 はその要件をまとめたものです。

一方，日本の大学でシェアドガバナンスの考え方を取り入れることは，執行部と対等の意思決定権をもつ全学協議会や大学評議会といった組織の設置を意味します。権限の集権化を進めてきた理事会や執行部は，権限の委譲をためらう傾向があり，日本の大学で取り入れることは難しいと考えられます。

表 11-1　シェアドガバナンスが機能する要件（Ott and Mathews（2015：2-12）を参考に作成）

要　件	取り組むべき行動
信頼関係	・意見や情報を隠さず，透明性を確保する。 ・既存のルールをなるべく変えない。
将来像の共有	・共通の優先課題を設定し，個別の衝突を乗り越える。 ・異なる部署から来る人が一緒に座る機会を頻繁に設ける。
多様な意見を扱う	・反対意見を積極的に議論にのせる。 ・多様な人を会議に招き，会議時間の一部を多様な意見を出す時間に設定する。
多様なガバナンスを試す	・ガバナンスのあり方自体も議論にのせる。 ・どうしてもトップダウンが必要なときのための信頼貯金をつくる。
成果を重視する	・成果が出たか，組織が変化したかにこだわり，成果が出たときは褒賞する。

第 2 節　ガバナンスのモデルと実際

■ 2-1　伝統的な大学ガバナンスモデル

　大学組織で古くから採用されてきたガバナンスには，大きく二つのモデルがあります（金子 2012）。一つは大陸欧州型モデルで，教授会と事務局で構成され，極度に分権化されたモデルです。知識の価値自体は教員にしかわからないため，各専門分野に自律性を与えて意思決定してもらう考え方です。ただし，これでは単に専門分野（学部）の寄せ集めになってしまうため，全体の代表として学長が置かれました。これに加えて，総務，学務，財務を扱う事務局が，事務局長を筆頭とする官僚組織として置かれました。

　もう一つは米国型モデルで，理事会が最終的な意思決定を行う集権化されたモデルです。ただし，実際の意思決定は，学長や幹部教職員に委譲されており，理事会の重要な役割は学長の任命と，学長が任命する幹部教職員の承認です。学部を含む学内組織は幹部教職員によって分権統治されています。職員は幹部教職員を補佐する形で置かれるため，大陸欧州型のような一元的な事務局組織がないことも特徴です。図 11-1 はこれらの関係をまとめたものです。

■ 2-2　近代的な大学ガバナンスモデル

　伝統的なガバナンスモデルは，現在でも大学ガバナンスの基礎として引き継がれていますが，現代的な課題に対応するには十分とはいえません。特に，現代の大学

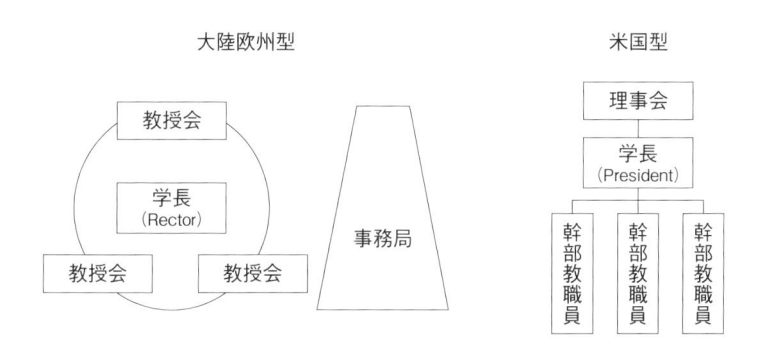

図 11-1　伝統的な大学ガバナンスモデル（金子（2012：4-7）を参考に作成）

は教育に関する意思決定が特に重要であるためです。なぜなら，研究については教員を動機づける仕組みが学会である程度確立している一方，教育に関しては大学が教員を動機づけなければ組織的な変化は起こりません。

　近代的なガバナンスモデルの代表的なものに，取引型ガバナンスと変革型ガバナンスがあります（Wilkesmann 2013）。取引型ガバナンスは，プリンシパル・エージェントモデルを基礎として，予算や人員などの資源配分をとおして，資源配分者の意向に沿った意思決定を行うタイプのガバナンスです。そのため，取引型ガバナンスが機能するには，資源配分者側に十分なモニタリング能力が必要です。取引型ガバナンスが有効なのは，多様なメンバーの経験や知恵を集める必要がないタイプの変化に取り組む場合です。たとえば，ある学科で卒業論文を評価する共通枠組みをつくる場合は，当該学科で学生指導にあたる教員を中心に取り組んでもらうでしょう。逆に，全学共通教育のカリキュラム改革のように，多くの教職員の参画を必要とする変化に取引型ガバナンスを用いると，多くの場合うまくいきません。

　そのような場合は，変革型ガバナンスが有用です。変革型ガバナンスは，メンバーの自律性が高まるように，意思決定する内容を一段高い水準から説明して，その高い目標を中心に意思決定を行うタイプのガバナンスです。学長などのトップ層には，意思決定する内容がいかに価値あるものか，学問的・社会的な意義やインパクトがあるか，人類の発展に貢献するかなどについて，メンバーのもつ知識や経験と結びつく形で具体的に語る言葉やストーリーが求められます。

　ガバナンスと同様によく使われる言葉に，マネジメントがあります。しかし，この二つは次の点で異なります（Ehrenberg 2005）。

> ・ガバナンス：変革のための意思決定を行うことを指し，主に目標，政策，資源配分の決定を扱う。
> ・マネジメント：決定された変革を実現することを指し，主に教職員の支援や資源の効率活用に取り組む。

　このように，ガバナンスは主に理事会や評議会に責任があるのに対し，マネジメントは学長，学部長，部課長などの学内管理職に責任があります。また，ガバナンスはマネジメントの取り組みを観察・評価し，改善や発展に必要な方向性を示すことが重要な役割であるのに対し，マネジメントは実際に取り組んだ結果をガバナンス側にフィードバックすることが重要な役割です。図 11-2 はこれらの関係をまとめたものです。

　しかし，先にみたように，大学組織では変革型ガバナンスが求められます。そのため，図 11-2 のような分担を基盤としながら，マネジャーやメンバーがガバナンスに関与したりガバナンス側と直接対話する場面をつくり，マネジメントの自律性を高めることがトップに求められます。

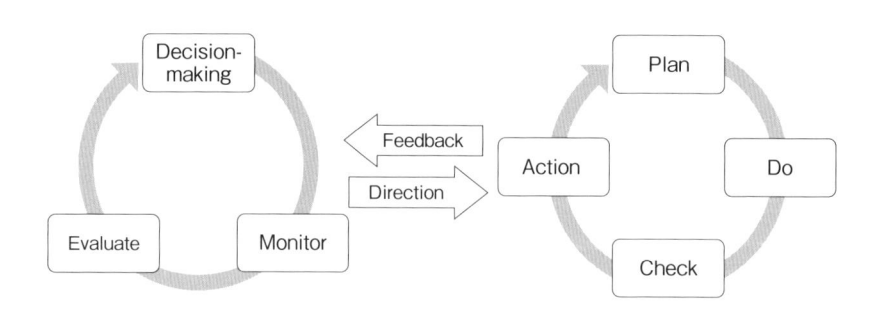

図 11-2　ガバナンスとマネジメント（Ehrenberg（2005：9-17）を参考に作成）

■ 2-4 低い教員の意識

伝統的な大学ガバナンスモデルでは，大学教員がガバナンスにおいて重要な役割を担っています。しかし，日本では多くの教員が，自らをガバナンスの主体とみなしていません。調査によると管理運営に参加した経験をもつ大学教員のうち，約半数がその経験を有効でなかったと評価しています（東北大学高等教育開発推進センター 2013）。この評価は，教授，准教授，講師・助教・助手の三つの階層でほとんど差がなく，職位に関係なくみられる傾向です。

これは，トップがハードガバナンスばかりを気にして，ソフトガバナンスを軽視してきたことを反映しています（Ott and Mathews 2015）。ハードガバナンスは，意思決定権限の規程や組織体制の整備をとおしてガバナンス機能を高める取り組みを指します。学長に権限を集める法令改正もこれに含まれます。一方，ソフトガバナンスは，観察されない対話や人間関係をとおしてガバナンス機能を高める取り組みを指します。トップ側にいるとどうしてもハードガバナンスが気になるものの，教職員の管理運営経験を有効なものと感じてもらうには，下のようなソフトガバナンスを重視する必要があります。

・**信頼を得る**
　メンバーのガバナンスへの期待を明確にし，それに沿った取り組みをする。また，意見や情報を隠さず，透明性を常に確保する。ここぞというときにトップダウンで決められるように，日常的に柔軟さを発揮して信頼を蓄積する。
・**目的の共有感を得る**
　個別の問題の先にある共通の将来像を確認し，学内組織間の関係づくりを進める。たとえば，毎回会議の座席を変え，隣の人と意見交換する時間をつくる。また，意思決定の場面では，必ず目的に触れて，何のために決めたのかを確認する。
・**問題を扱える形で理解する**
　多様な人を会議に招き，多様な見方を尊重する。そのために会議時間の一部は，共通の将来像を確認するために確保し，反対意見を積極的に取り上げる。また，その実行のために，学内の多様な人材をよく知っておく。

第3節　大学ガバナンスの実際

■ 3-1　ガバナンスの現実

　これまでみてきたガバナンスの考え方は，ガバナンスの観察可能な側面に注目してきました。しかし，観察可能な面に注目すると，実際のガバナンスを誤解する危険があります。たとえば，「殆どの決定は，実際，公式のガバナンス制度の外で行われ，それは非公式であり，非官僚的なものである」「公式的なガバナンスの在り方が大学の業績に大きな影響を与えない」と指摘する国外の研究が紹介されています（大場 2014）。こうした知見にもとづけば，ガバナンス改革や組織運営制度の改革が，実際の意思決定に与える影響は限られていると考えられます。

　しかし，だからといってガバナンスのあり方を論じることが無意味だということではありません。むしろ，ガバナンスを単独で考えるのではなく，組織の編成，権限の配分の仕方，メンバー間の人間関係，大学内での信頼関係の醸成とセットで考えなければならないことを示唆しています（大場 2014）。単一のガバナンスモデルが，大学の成功モデルとなることはありません。大学組織を理解し，それに合わせたガバナンスを確立することが重要です。

■ 3-2　大学ガバナンスに対する誤解

　前項の内容に加えて，社会から大学のガバナンスに対する誤解もあります。たとえば，大学のガバナンスは効果的に機能しておらず，非効率であるという指摘がよくなされます（中央教育審議会大学分科会 2014）。そこでは，意思決定に責任をもつ領域を分けていることが原因であると論じられています。そこで，学長自らガバナンス改革に取り組む社会的な責任があることや，学長のビジョンや大学の経営方針を共有して適切な役割を果たすことのできる学部長を任命すること，教育課程の編成や教員の研究業績などの審査などについても，教授会の審議を十分に考慮したうえで，学長が最終決定を行うことが望ましいと提言しています。

　しかし，これらの指摘もガバナンスの観察可能な側面に注目しており，すべての大学に有効なガバナンスモデルがあることを暗黙の前提としています。こうした誤解を乗り越えるためにも，組織構造や人間関係，信頼関係を含めた包括的なモデルでガバナンスを考える必要があります。

▌ 3-3　Effective Governance

　大学ガバナンスの包括モデルの一つに，Effective Governance という考え方があります（Kezar 2004）。これは各大学の組織文化を取り込んだガバナンスを指す考え方です。たとえば，組織のメンバーが政治的なプロセスこそが大学では適切だと考えているならば，そのプロセスに沿った手続きと成果を保証するガバナンスが最も効果的なガバナンスと考えます。大規模な公立大学であれば官僚的な組織構造が重要だと考えるかもしれませんし，小規模な大学では同僚性を基盤とする人間関係が重要だと考えるかもしれません。

　ただし，学長をはじめとする役職者は，普遍的な解を求める傾向にあるため，大学の目に見える特徴を取り込んだり，それを都合のよい形に変えようとする傾向があります。すなわち，組織構造や規程を変えて，学長が望むガバナンスに近づける改革をしがちです。しかし，組織文化をふまえたガバナンスを確立する際に不可欠な要素は，関係性と信頼関係の構築です。つまり，トップだけではなく，メンバーも効果的なガバナンスを感覚として得られる必要があります。

　Effective Governance が成り立つ大学では，メンバーがすすんで考えや知恵を出し合う傾向があります。信頼や関係性がなければ，人は知恵を共有しようとしないからです。そして，そうした信頼関係は非公式な場面で形成されます。公式のガバナンスが機能するには，組織内の非公式な相互作用が不可欠です。

▌ 3-4　学長への示唆

Effective Governance を進めるうえで，学長の果たす役割は特に重要です。非公式な相互作用を通じた信頼関係構築では，学長のリーダーシップ行動と強い相関があることが指摘されているためです（Kezar 2004）。ここでのリーダーシップは，メンバーが学長と関係性を構築したくなるような行動を指します。

　メンバーが学長と関係性を構築したくなる行動には，次の五つのタイプがあると指摘されています（クーゼス・ポズナー 2010）。

- **模範を示す**
  自分でもやりたくないことを人にやれとは言わないこと。他者にやってほしい行動の模範を示すために，自分の声を見つけ，自分の価値観を自分の言葉ではっきりと示す。
- **ビジョンを分かち合う**

人はビジョンを自分のものと受け入れない限り，ついてこない。

・それまでのやり方を変える

革新的な変化は，語ることより耳を傾けることから生まれる。つまり，よい
アイディアを認め，新しい手順が採用されるよう，今ある仕組みを変える。

・人が動きやすいようにする

リーダーは，チームワークをよくして信頼関係を築き，自身を与えることこ
そ，絶対すべきこと。メンバーは「自分は強い」「自分に能力がある」と感じ
るとき，リスクを取りながら変化を起こし，期待以上の働きをする。

・やる気を高める

リーダーは目に見える形で仕事ぶりに報い，励ますことが必要。

これらの行動が示すように，組織内の非公式な相互作用を進めるうえで，学長
がキャンパス内のあちこちに出かけ，メンバーの話に耳を傾けることが，Effective
Governance を進めるうえで最も有効な方法であることがわかります。

日本では多くの大学教員が，管理運営経験を有効でないと感じていることを先で
みましたが，その背後には日本の大学で Effective Governance を志向する大学が少
ないことが考えられます。上の五つの行動は，ほとんどの学長にとって経験と学習
をとおして獲得可能な行動です。各大学の組織文化に合ったガバナンスが確立でき
れば，多くの教職員にとって管理運営経験はよい経験になるはずです。

第4節　ガバナンスと組織変革

■ 4-1　組織変革への期待

ガバナンスは組織内の意思決定のパターンを指す概念であるにもかかわらず，多
くの大学関係者やステークホルダが，ガンバナンスを論じたりガバナンス改革を求
めたりしています。その理由は，ガバナンスによって組織変革を実現することへの
期待があるためでしょう。しかし，ガバナンスのあり方を変えれば組織を変革でき
るという期待は，簡単に実現されるものではありません。なぜなら，トップは何を
変革するかを決めることには関心があるものの，どう変革を進めるかを考えない傾
向があるためです。

一般に，組織変革は組織内の資源や要素の組み合わせについて不連続な変化を遂
げ，その変化を定着させることを指します。この変化の前後では，古い内外整合性

が損なわれた資源や要素の組み合わせから，内外整合性の高い新しい組み合わせの状態への変化が含まれています（安藤ほか 2017）。組織はこの変化を，模倣，適応，再編，変革，イノベーションなどによって達成します。これらは，学長ら執行部やガバナンスに関与する人たちによって進められる場合もあれば，組織内のメンバーやキーパーソンによって進められる場合の両方があります。そして，組織の上層部で進められる変革ほど，文脈が無視され表面的な変革にとどまる傾向があります。

■ 4-2　表面的な変革と本質的な変革

　組織変革には，表面的な変革と本質的な変革の二つがあります（Kezar 2001）。表面的な変革は，組織の観察可能な部分を中心とする変革で，組織の構造や仕事の手続きを内外整合性の高い新しいものに更新する変化です。本質的な変革は，表面的な変革が組織内のメンバーの認知や解釈の変化を伴って進められる変化です。

　これらは単に変革のタイプの違いであるため，どちらも重要な変革です。しかし，本質的な変革のほうが組織の有効性を高めることにつながるため，トップは常に本質的な変革を志向すべきです。一方で，本質的な変革を遂げることは非常に困難です。そのため，トップには本質的な変革に必要な要素を考慮に入れながら，表面的な変革を実行するバランス感覚が求められます。

　組織の上層部で進められる変革ほど文脈が無視され表面的な変化にとどまる理由は，大きく三つに分けられます（Kezar 2018）。第一に，上層部の仕事に就くほど，変革のプロセスへの関心が薄くなる傾向があります。たとえば，すべての学生に 2 年次から 3 年次の間に留学またはサービスラーニングを必修とする取り組みを始める場合を考えてみます。上層部では，どのように留学先や実習先を確保するか，そのためにどの程度の予算を確保し，誰にその仕事をしてもらうかなど，問題解決型の思考をする傾向があります。一方で，その取り組みで学生を指導する教員らには，実習先の経験はどのように評価すればよいのか，実習先でどのような学習課題をつくることが可能か，教員が実習中の学習をどのようにデザインすべきか，それらのために自分たちの仕事のやり方をどう変える必要があるのかなどの探索的な思考が必要です。

　上層部は，よい提案であればメンバーは自動的に受け入れるだろうという前提を置いて変革を進めようとします。しかし，メンバーにとっては，その提案と教員や学生の現状の間のギャップをどう埋めるかが中心的な課題です。もちろんこれは現場の人間でなければ十分理解できない問題です。そのため，上層部には新しい取り

組みの際にメンバーが直面するプロセスの課題を理解することが求められます。

　第二に，上層部の仕事に就くほど，変革を取り巻く文脈への関心が薄くなる傾向があります。新しい取り組みの際にメンバーが直面するプロセスの課題やその認知のされ方は，メンバーが属する下位組織の文化や価値観によっても異なります。しかし，上層部からは見えにくいため，変革で見逃されやすい点です。特に，他大学から執行部に着任した人や，大規模大学で特定の学部から執行部に着任した人は，取り組みのプロセスやその認知のされ方を無視しがちであり，変革が困難になります。

　第三に，一般に理論にもとづく変革への関心が薄くなる傾向があります。これは組織の上層部に限らず，下位組織でも同様の傾向があります。組織のトップもメンバーも，変革に取り組むにあたって自分や親しい同僚の経験のみに過度に依存して考える傾向があります。しかし，本質的な変革に取り組むには，センスメイキング，組織学習，社会ネットワーク分析，組織文化に関する重要な概念を理解している必要があります。こうした概念を理解せずに取り組むと，変革が失敗するだけでなく，メンバーの仕事への意欲を下げたり，メンバーの離職につながったり，時間の浪費や生産性の低下につながったりする場合があります。

■ 4-3　組織変革のモデル

　組織変革を目指す場合，組織変革にどのようなモデル化あるかを知っておくとよいでしょう。表11-2 は，組織変革のモデルをまとめたものです（Kezar 2018）。ガバナンス改革をとおした組織変革は，科学的管理型の組織変革の念頭に置いた取り組みであるといえます。すなわち，統治機関が方針を示し，執行部が PDCA サイクルを通じて実現する組織変革は，存続の危機に直面した大学では有効に機能する可能性がありますが，変革のタイプとしては表面的で，メンバーのコミットメントが十分得られない可能性があります。

　そのため，トップは科学的管理型以外の組織変革のモデルがあることを知っておくとよいでしょう。代表的なものに，政治型，文化型，制度論型の組織変革があります。政治型は，学内の価値や資源をめぐる対立を活用して変革を進めるものです。文化型は，組織変革は時間を要する漸進的な取り組みであり，変革の成功にはメンバーの試行錯誤が不可欠と考える立場です。ただし，変革に伴い下位組織内の規範や文化を変えるため，本質的な変革につながるものの，既存の規範や文化の棄却（アンラーニング）に大きなエネルギーを要します。制度論型は，学外からの要請

表 11-2 組織変革のモデル（Kezar (2018: 43-63) を参考に作成）

	科学的管理型	政治型	文化型	制度論型
変革の起点	学長ら上層部（学内事情）。	価値や優先順位に関する衝突。	メンバーによる環境変化対応。	外部とそれに対する学内規範。
変革の進め方	合理的で計画的。	交渉と取引。	長期的・漸進的で予測不可能。	政策・環境・競争的な大学の観察と模倣。
成果の現れ方	新しい部署や方針ができる。	新しい支配的な考え方ができる。	新しい規範や文化ができる。	新しい制度やルールができる。
変革のタイプ	表面的。	表面的（一部本質的）。	本質的。	表面的。
主な取り組み方法	変革を担当するチームや部署を設置、担当部署に強い権限を付与。	学内で仲間を探索、共有可能な方針と計画を立てて交渉。	メンバーが共有する規範や歴史の分析、新しい価値の提案、試行錯誤の許容。	環境変化の探索、環境や組織のメンバーへの外圧適応支援。
長所	生き残りへの適応に向け、全学的な変革ができる。	一見不合理と思われる変革でも実行できる。	学内のあらゆる部署で深いレベルの変革を達成できる。	不合理な変革でも実行でき、環境と密接に接続した組織にできる。
短所	メンバーの参画のない変革となる。	学外環境への対応が不十分になりやすい。	トップが主導でき、変革の成果の検証が困難。	メンバーが変革の必要性を理解できず、組織が停滞しやすい。

や圧力を活用して変革を進めるものです。これらのモデルを知っていると、なぜガバナンスの改革や組織の変革が進まないのか、あるいは、なぜ組織変革の取り組みが思うような成果につながらないのかを理解する手助けになります。

■ 4-4 変革の倫理を重視する

組織変革を主導するトップは単に変革を進めるだけでなく、倫理観にもとづいて変革を進めることが求められます。たとえば、今日の大学組織はトップとは異なるタイプの人々で構成されています。たとえば、トップの多くが、日本人、男性、自然科学系研究者、年長者、部局長経験者、自校出身者、健常者で占められている場合、それと異なる属性や経験をもつメンバーが、変革の達成においてどのような困難に直面する可能性があるかを考慮する必要があります。先の例のように、すべての学

生に2年次から3年次の間に留学またはサービスラーニングを必修とする取り組みでは，障害をもつ教員や学生がどう関与するか，地域との連携関係をもたない教員がどう関与するかなども現場で検討されます。そうした観察が難しいプロセスを無視して，観察可能な成果を求めると，トップとメンバーの間に深刻な相互不信を生じさせます。

そこで，トップは日頃から倫理観にもとづく行動や意思決定を心がける必要があります（Kidder 1995）。避難訓練をしていないと地震発生時に落ち着いた行動ができないのと同様に，日頃から倫理観にもとづく行動ができていないと，いざ組織変革が必要となった場面で倫理観にもとづく行動はできません。また，倫理観は具体的な思考法として実践する必要があります。たとえば，トップが日頃から意識すべき代表的な思考法には，(1) 目的適合型思考，(2) 法令遵守型思考，(3) 人道主義的思考の三つが考えられます。

目的適合型思考は，取り組みがどのような成果につながるかだけを重視して行動や意思決定するものです。この方向を重視する場合，変革に取り組むことがどのような帰結につながるかについて，メンバーに深く関与して理解してもらう必要があります。これが十分でないと，目的のためには手段を選ばない決定として，かえって非倫理的な行動とみられる場合があります。法令遵守型思考は，決められた法令や規程から外れる行動を極力避ける規範です。この方向を重視する場合，組織の文脈を無視して誤った意思決定をしないよう配慮する必要があります。人道主義的思考は，自分がされて嬉しいことをできるだけ行う規範です。この方向を重視する場合，法令に反する意思決定がされないように配慮する必要があります。これらは，いずれも重要な思考法ですが，トップは日頃から自分が重視する思考法を実践し，変革の際にもその延長線上で決めていることをメンバーがわかるようにします。

組織変革に取り組むことは，必ずメンバーからの反発が生じます。トップは変革をとおして目に見えるものを残したがる傾向がありますが，倫理に沿ってメンバーの認知や解釈の変革にも注目するようにしましょう。逆に，反発が生じない変革は，変革の取り組みが何らかの倫理に反していないかを振り返る必要があります。

◆ケーススタディ❿：ある工科大学におけるカリキュラム改革

　Ａ工業大学は地方都市にある私立大学で，工学部，情報工学部，建築学部の
３学部を設置している。この大学は，工学教育において大学業界で高い評判を
得ている大学である。特に，教育面で教員による学生の面倒見のよさが，大学
関係者の間で高く評価されてきた。

　あるとき，省庁の教育改革重点支援事業の補助金として，理学・工学教育の
質向上に特化した支援事業の公募が開始されることが発表された。Ａ工業大学
にとっては，補助金を得ながら教育のいっそうの質向上に取り組むことのでき
る，願ってもないチャンスである。

　支援事業では，カリキュラム改革への取り組みを重点支援することが示され
ていた。さっそく，教育担当副学長は学務課長とその部下数人を呼び，申請に
向けた準備を進めることを表明した。ただ，問題は公募の期間が短く，期限ま
でに申請書を出すには，学内で十分な議論の時間がとれない可能性があるとい
う点であった。カリキュラム改革は，学部の多くの教員にかかわる事項である
ためだ。一方で，申請後にヒアリングに呼ばれれば，教育担当副学長自ら出席
し，大学としていかに組織的に取り組むかを説明しなければならず，教員主導
に任せることも問題であった。結局のところ教育担当副学長，工学部副学部長，
学務課長，学務課教育開発係長の四人で書類を作成し，申請することとなった。

　数か月後，Ａ工業大学の申請が採択されたことが発表され，大学にも通知が
あった。しかしこの事実が大学本部から学内に伝えられると，その後の学科会
や教授会でさまざまな懸念が表面化するようになった。その多くは，カリキュ
ラム改革に取り組むには時間が足りないのではないかという懸念であった。ま
た，カリキュラムを大幅に変更することは，在学生の教育と入学志願者の双方
に影響を与え，事務的な対応事項も大幅に増えることになる。特に，建築学科
の学科長は，「すでに過剰な教育負担があるなかで，これ以上何をしろというの
か」と強い口調で反対の声を上げていた。

　また，Ａ工業大学はこれまで面倒見のよい教育で高い評価を得てきたが，３
年前に新学長が就任して以来，研究力の強化を中期経営計画で掲げていた。そ
のため，若手教員を中心に，研究力のある教員採用を進めてきたため，一部の
教員からは次のような懸念も出されていた。「調書では若手教員にも参画して
もらってカリキュラムを刷新するとあるが，若手にそんな時間があるのだろう
か。論文を出すことのほうが重要な時期なのに，学生指導も熱心にしてもらっ
ていて。それなのに，こんな思いつきの改革に巻き込まれたらかわいそうだ」。

　こうした懸念は，全学評議会の場など学内の公式の会議でも伝えられ，補
助金事業の推進は，学内会議の中心的な話題となっていた。教育担当副学長は，

教員が改革に抵抗していると理解して，強い不満を感じていた。「この財政難の時代にこんな大きなお金をとってきたのに，教員たちの反応はなんなのだ」。教育担当副学長は，役員会でもこうした不満を口にするようになり，学長は学内の状況にやや不安を覚えるようになった。

　そうしたなかで，学長は情報工学部長と偶然話をする機会があり，情報工学部で考えているカリキュラム改革に関するアイディアについて聞くこととなった。実は，情報工学部では 2 年前から一部の教員を中心に，これまで指示書中心の実験授業を大きく変え，学生の知識と創意工夫が求められる研究志向の実験授業を試みており，すでに大きな手応えを感じていたところだった。

　情報工学部長の話を聞いた学長は，「その話を一度学内教員向けに広く紹介してもらえないでしょうか。できれば単に紹介や講演会ではなく，連続シリーズの教育研究会として継続的に議論する場を用意して，そこで議論してみたいです。補助金事業のことは，今は気にしなくてよいです。その興味深い事例について，学部を越えて学ぶ機会にしましょう」と述べて，学部長に了解を求めた。

　2 週間後に，第 1 回の教育研究会が開催され，情報工学部の実験授業の試みが紹介された。参加者はごく少数であったが，事前に学長が学部長・学科長に個別に出席を打診していたこともあり，工学部長，建築学部長と，ほとんどの学科長は参加していた。研究会では新しい実験授業の課題をどのようにつくったか，そのために教員間でどのような議論をしたかが紹介され，他学部の教員も自分たちの教育で同様の工夫ができるのではないかという着想を得たようだった。

　3 回目の研究会の際に，建築学科長から「学長は研究力強化を掲げてきて，今うちの大学にはとても優秀な若手教員がたくさんいます。彼ら・彼女らの将来を考えると，このような教育は負担が大きくないですか」というコメントが出された。学長は「なるほど，たしかにその点は気になりますね」と述べるにとどまった。すると情報工学部長は，次のような説明を加えた。「それはうちの学部でも懸念しているところです。しかし，この新実験は若手の先生も楽しんでいるみたいですよ。自分の研究をベースにして課題をつくるので，私たちのような年寄りが考えるよりもずっとおもしろい課題のアイディアが出てきます。もちろん，学生が興味をもって安全に取り組めるように，アドバイスはしますけれどね。それに，新実験で学生たちが研究に興味をもつようになったので，若手の先生たちにとっても，よい学生が来てくれるとか研究室に配属された後のモチベーションが高いとかで，とても評判がいいですよ」。

●論　点

❶この大学ではどのようなガバナンスモデルが最も適していると考え
られるでしょうか。

❷大学に適したガバナンスモデルを確立するうえで，この大学の学長
はどのようなことに特に留意すればよいと考えられるでしょうか。

文　　献

安藤史江・浅井秀明・伊藤秀仁・杉原浩志・浦　倫彰（2017）．『組織変革のレバレッジ——困難が跳躍に変わるメカニズム』白桃書房

石村善助（1969）．『現代のプロフェッション』至誠堂

猪口　孝（2000）．『政治学事典』弘文堂

江原武一（2013）．「大学と国家・市場」広田照幸［編］『組織としての大学——役割や機能をどうみるか』岩波書店，pp.25-52.

大崎　仁（2016）．「大学運営のメカニズム第2回　大学設置法人」『IDE 現代の大学教育』*578*, 60-66.

太田　肇（1993）．『プロフェッショナルと組織——組織と個人の「間接的統合」』同文舘出版

大場　淳（2011）．「大学のガバナンス改革——組織文化とリーダーシップを巡って」『名古屋高等教育研究』*11*, 253-272.

大場　淳（2014）．「大学ガバナンスの国際比較——研究の視点の整理」『RIHE』*128*, 75-97.

小野善生（2013）．『最強のリーダーシップ理論集中講義——コッター，マックス・ウェーバー，三隅二不二から，ベニス，グリーンリーフ，ミンツバーグまで』日本実業出版社

金井壽宏（2005）．『リーダーシップ入門』日本経済新聞社

金井壽宏・髙橋　潔（2004）．『組織行動の考え方——ひとを活かし組織力を高める9つのキーコンセプト』東洋経済新報社

金子元久（2012）．「大学経営——課題，組織，人材」広島大学高等教育研究開発センター［編］『これからの大学経営——誰がどのような役割を担うのか』広島大学高等教育研究開発センター，pp.1-18.

金子元久（2014）．「大学の組織とガバナンス——視点と国際比較」『大学研究』*40*, 1-18.

クーゼス, J. M.・ポズナー, B. Z. ／高木直二［訳］（2010）．『大学経営 起死回生のリーダーシップ』東洋経済新報社

坂井素思（2010）．『社会経済組織論』放送大学教育振興会

佐古秀一・曽余田浩史・武井敦史（2011）．『学校づくりの組織論』学文社

佐藤郁哉・山田真茂留（2004）．『制度と文化——組織を動かす見えない力』日本経済新聞社

シャイン, E. H. ／梅津裕良・横山哲夫［訳］（2012）．『組織文化とリーダーシップ』白桃書房

シャイン, E. H. ／金井壽宏［監訳］（2014）．『問いかける技術——確かな人間関係と優れた組織をつくる』英治出版

センゲ, P. M. ／枝廣淳子・小田理一郎・中小路佳代子［訳］（2011）．『学習する組織——システム思考で未来を創造する』英治出版

田尾雅夫［編］(2010).『よくわかる組織論』ミネルヴァ書房

ダフト, R. L.／高木晴夫［訳］(2002).『組織の経営学——戦略と意思決定を支える』ダイヤモンド社

蔡芒錫 (2007).「専門職集団と組織——科学者・技術者の組織への包摂と役割コンフリクトを中心として」『日本労働研究雑誌』565, 21–32.

中央教育審議会大学分科会 (2014).「大学のガバナンス改革の推進について（審議まとめ）」

東北大学高等教育開発推進センター［編］(2013).『大学教員の能力——形成から開発へ』東北大学出版会

中野秀一郎 (1981).『プロフェッションの社会学——医師, 大学教師を中心として』木鐸社

羽田貴史 (2014).「教育マネジメントと学長リーダーシップ論」『高等教育研究』17, 45–63.

藤田英樹 (2009).『コア・テキスト ミクロ組織論』新世社

藤村正司 (2016).「高等教育組織存立の分析視角——新制度主義から見た国立大学の現状と行方」『大学論集』48, 49–64.

藤村正司 (2017).「高等教育組織存立の分析視角 (2) ——「脱連結」論から見た改革・実践・アウトカム」『大学論集』49, 37–52.

マーチ, J. G.・オルセン, J. P.／遠田雄志・ユング, A.［訳］(1986).『組織におけるあいまいさと決定』有斐閣

リッカート, R.／三隅二不二［訳］(1968).『組織の行動科学——ヒューマン・オーガニゼーションの管理と価値』ダイヤモンド社

Adams, J. (1965). Inequity in social exchange. In L. Berkowitz (ed.), *Advances in experimental social psychology, vol.2*, Orland; Tokyo: Academic Press, pp.267–299.

Argyris, C. (1999). *On organizational learning*. Malden, MA: Blackwell.

Argyris, C. and Schön, D. A. (1978). *Organizational learning: A theory of action perspective*. Reading, MA: Addison-Wesley.

Baldridge, J., Curtis, D., Ecker, G. and Riley, G. (1978). *Policy making and effective leadership*. San Francisco: Jossey-Bass.

Barrow, J. C. (1977). The variables of leadership: A review and conceptual framework. *Academy of Management Review, 2*(2), 231–251.

Bass, B. M. (1985). *Leadership and performance beyond expectations*. New York; London: Free Press.

Bastedo, M. N., Altbach, P. G. and Gumport, P. J. (2016). *American higher education in the twenty-first century: Social, political, and economic challenges*. Baltimore: Johns Hopkins University Press.

Beehr, T. A. and Glazer, S. (2004). Organizational role stress. In J. Barling, E. K. Kelloway and M. R. Frone (eds.), *Handbook of work stress*, Thousand Oaks, CA: Sage, pp.7–34.

Berends, H. and Lammers, I. (2010). Explaining discontinuity in organizational learning: A process analysis. *Organization Studies, 31*(8), 1045–1068.

Besharov, M. L. and Smith, W. K. (2014). Multiple institutional logics in organizations: Explaining their varied nature and implications. *Academy of Management Review, 39*(3), 364–381.

Bess, J. L. and Dee, J. R. (2008). *Understanding college and university organization: Theories for effective policy and practice.* Sterling, VA: Stylus.

Birnbaum, R. (1988). *How colleges work: The cybernetics of academic organization and leadership.* San Francisco: Jossey-Bass.

Birnbaum, R. (1992). *How academic leadership works: Understanding success and failure in the college presidency.* San Francisco: Jossey-Bass.

Birnbaum, R. (2001). *Management fads in higher education: Where they come from, what they do, why they fail.* San Francisco: Jossey-Bass.

Birnbaum, R. (2004). The end of shared governance: Looking ahead or looking back. *New Directions for Higher Education, 127,* 5–22.

Bowers, D. G. and Seashore, S. E. (1966). Predicting organizational effectiveness with a four-factor theory of leadership. *Administrative Science Quarterly, 11*(2), 238–263.

Bromley, P. and Powell, W. W. (2012). From smoke and mirrors to walking the talk: Decoupling in the contemporary world. *The Academy of Management Annals, 6* (1), 483–530.

Brown, J. S. and Duguid, P. (1991). Organizational learning and communities of practice: Toward a unified view of working, learning, and innovation. *Organization Science, 2*(1), 40–57.

Brown, L. D. (1983). *Managing conflict at organizational interfaces.* Reading, MA: Addison-Wesley.

Brown, S. L. and Eisenhardt, K. M. (1997). The art of continuous change: Linking complexity theory and time-paced evolution in relentlessly shifting organizations. *Administrative Science Quarterly, 42*(1), 1–34.

Crossan, M. M., Lane, H. W. and White, R. E. (1999). An organizational learning framework: From intuition to institution. *Academy of Management Review, 24*(3), 522–537.

Daft, R. L. (2009). *Organization theory and design.* Cincinnati, OH: South-Western.

Deci, E. L. and Ryan, R. M. (2000). The "What" and "Why" of goal pursuits: Human needs and the self-determination of behavior. *Psychological Inquiry, 11*(4), 227–268.

Dee, J. R. and Heineman, W. A. (2016). Understanding the organizational context of academic program development. *New Directions for Institutional Research, 168,* 9–35.

Dee, J. R. and Leišytė, L. (2016). Organizational learning in higher education institutions: Theories, frameworks, and a potential research agenda. *Higher education: Handbook of Theory and Research, 31,* 275–348.

DiMaggio, P. J. and Powell, W. W. (1983). The iron cage revisited: Institutional isomorphism and collective rationality in organizational fields. *American Sociological Review, 48*(2), 147–160.

Druckman, D. (1993). An analytical research agenda for conflict and conflict resolution. In D. J. D. Sandole and H. Van Der Merwe (eds.), *Conflict resolution theory and practice: Integration and application,* Manchester: Manchester University Press, pp.25–42.

Ehrenberg, R. G. (2005). *Governing academia.* Ithaca, NY: Cornell University Press.

Ferren, A. S. and Stanton, W. W. (2004). *Leadership through collaboration: The role of the chief academic officer.* Westport, CT: Praeger.

French, J. R. and Raven, B. (1959). The bases of social power. In D. Cartwright (ed.), *Studies in social power,* Ann Arbor: Research Center for Group Dynamics, Institute for Social Research, University of Michigan, pp.151–157.

Gouldner, A. W. (1957). Cosmopolitans and locals: Toward an analysis of latent social roles. I. *Administrative Science Quarterly, 2*(3), 281–306.

Hackman, J. R. and Oldham, G. R. (1980). *Work redesign.* Reading, MA: Addison-Wesley.

Hatch, M. J. (2013). *Organization theory: Modern, symbolic, and postmodern perspectives.* Oxford: Oxford University Press.

Hersey, P. and Blanchard, K. H. (1977). *Management of organizational behavior: Utilizing human resources.* Upper Saddle River, NJ: Prentice-Hall.

Janis, I. L. (1982). *Groupthink: Psychological studies of policy decisions and fiascoes.* Boston: Wadsworth Publishing.

Kaplan, G. E. (2004). Do governance structures matter? *New Directions for Higher Education, 127,* 23–34.

Kerr, S. and Jermier, J. M. (1978). Substitutes for leadership: Their meaning and measurement. *Organizational Behavior and Human Performance, 22*(3), 375–403.

Kezar, A. (2000). Pluralistic leadership: Incorporating diverse voices. *Journal of Higher Education, 71*(6), 722–743.

Kezar, A. (2001). *Understanding and facilitating organizational change in the 21st century: Recent research and conceptualizations.* San Francisco, CA: Jossey-Bass.

Kezar, A. (2004). What is more important to effective governance: Relationships, trust, and leadership, or structures and formal processes? *New Directions for Higher Education, 127,* 35–46.

Kezar, A. (2005). What campuses need to know about organizational learning and the learning organization. *New Directions for Higher Education, 131,* 7–22.

Kezar, A. (2018). *How colleges change.* New York: Routledge.

Kidder, R. (1995). *How good people make tough choices: Resolving the dilemmas of ethical living.* New York: Harper Collins.

Lawrence, T. B., Mauws, M. K., Dyck, B. and Kleysen, R. F. (2005). The politics of organizational learning: Integrating power into the 4I framework. *Academy of Management Review, 30*(1), 180–191.

Manning, R. (2013). *Organizational theory in higher education*. New York: Routledge.

March, J. G. and Olsen, J. P. (1975). The uncertainty of the past: Organizational learning under ambiguity. *European Journal of Political Research, 3*, 147–171.

McCaffery, P. (2004). *The higher education manager's handbook: Effective leadership and management in universities and colleges*. London; New York: Routledge-Falmer.

Meindl, J. R., Ehrlich, S. B. and Dukerich, J. M. (1985). The romance of leadership. *Academy of Management Review, 30*, 78–102.

Meznar, M. B. and Nigh, D. (1995). Buffer or bridge? Environmental and organizational determinants of public affairs activities in American firms. *Academy of Management Journal, 38*(4), 975–996.

Milam, J. (2005). Organizational learning through knowledge workers and infomediaries. *New Directions for Higher Education, 131*, 61–73.

Mintzberg, H. (1973). *The nature of managerial work*. New York: Harper & Row.

Mintzberg, H. (1981). Organizational design: Fashion or fit? *Harvard Business Review, 59*(1), 103–116.

Mintzberg, H. (1983). *Power in and around the organization*. Englewood Cliffs, NJ: Prentice-Hall.

Mintzberg, H., Raisinghani, D. and Théorêt, A. (1976). The structure of 'unstructured' decision processes. *Administrative Science Quarterly, 21*(2), 246–275.

Nonaka, I. and Takeuchi, H. (1995). *The knowledge-creating company: How Japanese companies create the dynamics of innovation*. New York: Oxford University Press.

Orion, J. D. and Weick, K. E. (1990). Loosely coupled systems: A reconceptualization. *Academy of Management Review, 15*(2), 203–223.

Örtenblad, A. (2009). Achieving organizational independence of employees' knowledge using management, organizational learning, and the learning organization. In D. Jemielniak and J. Kociatkiewicz (eds.), *Handbook of research on knowledge-intensive organizations*, Hershey, PA: Information Science Reference, pp.229–242.

Ott, M. W. and Mathews, K. R. (2015). *Effective academic governance: Five ingredients for CAOs and faculty*. Cambridge, MA: The Collaborative on Academic Careers in Higher Education.

Pfeffer, J. (1981). *Power in organizations*. New York: Harper Business.

Pfeffer, J. (1982). *Organizations and organization theory*. Boston: Pitman.

Porter, L. W. and Lawler, E. E. (1968). *Managerial attitudes and performance*. Homewood, IL: R. D. Irwin.

Rizzo, J. R., House, R. and Lirtzman, S. I. (1970). Role conflict and ambiguity in complex organizations. *Administrative Science Quarterly, 15*(2), 150–163.

Schein, E. H. (1990). Organizational culture. *American Psychologist, 45*(2), 109–119.

Taylor, M. (2013). Shared governance in the modern university. *Higher Education*

Quarterly, 67(1), 80–94.

Thomas, K. W. (1976). Conflict and conflict management. In M. Dunnette (ed.), *Handbook of industrial and organizational psychology*, Chicago: Rand McNally, pp.889–935.

Thompson, J. (1967). *Organizations in action: Social science bases of administrative theory*. New York: McGraw-Hill.

Thornton, P. H., Ocasio, W. and Lounsbury, M. (2012). *The institutional logics perspective: A new approach to culture, structure and process*. Oxford: Oxford University Press.

Tierney, W. G. (1988). Organizational culture in higher education. *Journal of Higher Education, 59*(1), 2–21.

Tuckman, B. W. and Jensen, M. A. C. (1977). Stages of small group development revisited. *Group and Organizational Studies, 2*(4), 419–427.

Vera, D., Crossan, M. M. and Apaydin, M. (2011). A framework for integrating organizational learning, knowledge, capabilities, and absorptive capacity. In M. Easterby-Smith and M. A. Lyles (eds.), *Handbook of organizational learning and knowledge management*, Chichester: John Wiley, pp.153–180.

Wilkesmann, U. (2013). Effects of transactional and transformational governance on academic teaching: Empirical evidence from two types of higher education. *Tertiary Education and Management, 19*(4), 281–300.

Wofford, J. C. and Liska, L. Z. (1993). Path-goal theories of leadership: A meta-analysis. *Journal of Management, 19*(4), 857–876.

事項索引

人名索引

中島英博（なかじま ひでひろ）

名古屋大学高等教育研究センター准教授。1974 年群馬県桐生市生まれ，2003 年名古屋大学大学院経済学研究科博士課程後期課程修了，博士（経済学）。名古屋大学高等教育研究センター助手，三重大学高等教育創造開発センター助教授，名城大学大学院大学・学校づくり研究科准教授を経て，2014 年名古屋大学高等教育研究センター准教授。この間，北海道大学高等教育機能開発総合センター客員准教授，マサチューセッツ大学ボストン校客員研究員。

主な著作に『シリーズ大学の教授法 4 学習評価』（中島英博編，分担執筆，玉川大学出版部，2018 年）『シリーズ大学の教授法 1 授業設計』（中島英博編，分担執筆，玉川大学出版部，2016 年）ほか。

大学教職員のための大学組織論入門

2019 年 11 月 20 日　　初版第 1 刷発行
2021 年 2 月 20 日　　初版第 2 刷発行

著　者　中島英博
発行者　中西　良
発行所　株式会社ナカニシヤ出版
〒606-8161　京都市左京区一乗寺木ノ本町 15 番地
　　　　　　　　Telephone　　075-723-0111
　　　　　　　　Facsimile　　075-723-0095
　　　　Website　　http://www.nakanishiya.co.jp/
　　　　Email　　iihon-ippai@nakanishiya.co.jp
　　　　　　　郵便振替　　01030-0-13128

印刷・製本＝ファインワークス／装幀＝白沢　正
Copyright © 2019 by H. Nakajima
Printed in Japan.
ISBN978-4-7795-1410-4